Laute erleben, finden und gestalten

zur ganzheitlich-musischen Behandlung der Laute Sch, S, K, R

Giselher Gollwitz

Adresse für Bestellungen:

Selbstverlag
Giselher Gollwitz

Kanalstraße 12
8403 Bad Abbach
Tel. 0 94 05/25 00

ISBN 3-9800728-7-8

Copyright 1986 by Giselher Gollwitz
Selbstverlag Regensburg

Grafische Gestaltung:
Achim Werner, Regensburg

1. Auflage 1986

Nachdruck und fotomechanische Vervielfältigung nur mit ausdrücklicher Genehmigung des Verfassers
Druck: Studio Druck, Regensburg

INHALTSVERZEICHNIS

- Begründung und Zielsetzung — Seite 4
- Der Aufbau des Buches — 5
- Die Musikinstrumente — 7
- Die Symbolik — 11
- Erläuterungen zur Darstellungsform — 12

- 1. Spielsequenz (Laut SCH)
  - Die Gruppenförderung
    - Die Affen lernen sich kennen — 13
    - Die Affen haben manchmal Angst — 14
    - Die Affen pflücken Kokosnüsse und werden müde — 15
    - Die Affen träumen — 16
    - Die Affen zählen Kokosnüsse — 17
    - Die Kokosnuß-Ernte — 18
    - Das Bananen-Fangspiel — 19
    - Unser Affenlied — 20
  - Die Einzelförderung
    - 7 Übungen — 21

- 2. Spielsequenz (Laut S)
  - Die Gruppenförderung
    - Die Schlangen tanzen — 25
    - Sich schlängeln — 26
    - Die Schlangen schlafen ein — 27
    - Die Schlangenbeschwörung — 28
    - Die Schlangen besuchen sich — 29
    - Unser Schlangenlied — 30
  - Die Einzelförderung
    - 7 Übungen — 31

* 3. Spielsequenz (Laut K)	Die Gruppenförderung	Die Krokodile begrüßen sich	36
		Die Krokodile gähnen und schlafen ein	37
		Die Krokodile bekommen ihre Betthupferl	38
		Die Krokodile sind wütend	39
		Auch kleine Krokodile haben Hunger	40
		Unser Krokodilslied	41
	Die Einzelförderung	3 Übungen	42
* 4. Spielsequenz (Laut R)	Die Gruppenförderung	Die Bären begrüßen sich	44
		Die Bären frieren und wärmen sich gegenseitig auf	45
		Die Bären essen ihre Betthupferl	46
		Die Bären schnarchen und schlafen ein	47
		Unser Bärenlied	48
	Die Einzelförderung	6 Übungen	49

* Bilderteil zur Einzelförderung — 55
* Literaturangaben — 78

BEGRÜNDUNG UND ZIELSETZUNG

Wir alle wissen aus Erfahrung, daß Sprache nachhaltig nur gefördert werden kann, wenn der Mensch als Gesamtpersönlichkeit gesehen wird. Inzwischen gibt es bei den verschiedensten Wissenschaften einen Trend auf breiter Grundlage, der diese Haltung durchaus mitträgt. Selbst bei den Naturwissenschaften, die lange Zeit auf mechanistischen Erklärungsmodellen aufbauen konnten und damit seit dem Zeitalter der Aufklärung große Erfolge verbuchen konnten, werden heute tiefgreifende Wandlungen sichtbar. Um einer grundlegenden Stagnation zu entkommen, werden lineare Denkmuster zugunsten von komplexen Wertmustern aufgegeben. Der Physiker F. Capra ist einer der führenden Darsteller dieses wissenschaftlich-ganzheitlichen Denkens. Sein Buch "Wendezeit - Bausteine für ein neues Weltbild" wurde trotz seines enormen Umfangs von fünfhundert Seiten im Jahr 1985 zum Bestseller des Taschenbuchmarktes. Die neue Dimension liegt in der qualitativen Werthaftigkeit, die aufgrund der breit angelegten Haltung nicht als Modeerscheinung abgetan werden kann, sondern bereits kultureller Bestand geworden ist.

Die Absicht dieses Buches ist es nun, in einem praktischen Beitrag konkrete Möglichkeiten ganzheitlicher Sprachheilpädagogik bei stammelnden Kindern aufzuzeigen.

Ausgangspunkt ist die These, daß der Mensch nur als Leib-Seele-Geist-Einheit lernen kann. Gerade das „unvollkommene" oder behinderte Kind ist in irgendeinem Bereich "hängengeblieben", der sich u.U. diagnostisch sehr wohl erfassen läßt. Wir werden das Kind aber nicht fördern können, wenn wir das Ganze aus dem Auge verlieren. Holen wir es daher an der Stelle ab, an der es sich selbst verstehen und empfinden kann - betrachten wir es also trotz seines eng umgrenzbaren lautlichen Defektes in seiner ganzen Persönlichkeit.

So gesehen ist Sprache nur die "Spitze eines Eisberges". Jeder richtige lautliche Ausdruck setzt erst einmal einen umfassenden Eindruck voraus. Die Stufe des Aufnehmens und Verarbeitens wird daher für den Sprachheillehrer von größtem Interesse sein. Da jedoch ein "Stück Ausdruck" bereits meist gelingt, ist es auch wichtig, das sprachauffällige Kind auf dieser intakt gebliebenen Klaviatur seiner Ausdrucksmittel spielen zu lassen - eben, um im Rahmen des dialogischen Tuns neuen Eindruck zu schaffen.

Immer sind es die "Bedeutsamkeitserlebnisse" (Westrich), die Sprachentwicklungen in Gang setzen.

Nicht das künstliche Nachformen unverstandener Laute bringt dauerhaften Erfolg. Die Lautgestalt muß sich in ein Ganzes integrieren lassen: Nur solche Laute, die intensiv <u>erlebt</u> werden, werden auch <u>gefunden</u>, d.h. bewußt. Das <u>Gestalten</u> dieser Laute läßt sie dann schließlich zum dauerhaften Besitz werden.

Unsere Hauptarbeit besteht also darin, unvollkommene und erstarrte Muster des Wahrnehmens, Denkens und Fühlens zu entfalten bzw. zu entsichern. Das Erleben der Stimmigkeit dieser drei Faktoren ist für das Kind nicht nur ein Ereignis, es fördert auch ein Wachstum, das weitere Persönlichkeitsbildung nicht blockiert oder fehlleitet.

DER AUFBAU DES BUCHES

Das Buch besteht aus vier SPIELSEQUENZEN. Jede Sequenz hat zum Ziel, einen bestimmten Problemlaut ganzheitlich zu erfassen und einzuschleifen. Den Rahmen für die Gestaltung der Übungssequenzen gibt die Identifikation mit einem Tier, dem dieser Problemlaut möglichst stimmig zugeordnet werden kann.

Jede Spielsequenz besteht aus mehreren EINHEITEN. Ein Teil der Einheiten dient der Förderung in einer Spielgruppe oder Klasse (GRUPPENFÖRDERUNG). Der andere Teil soll das einzelne Kind flankierend fördern (EINZELFÖRDERUNG). Insgesamt besitzen die Gruppenaktivitäten die Priorität. Die Einzelförderung schafft aber gelegentlich erst die Voraussetzungen für das Spiel in der Gruppe. Manchmal eignet sich die Einzelförderung hingegen auch für eine gezielte Nacharbeit. Beide Teile ergänzen sich somit im Idealfall flexibel und situationsangemessen.

Die einzelnen Einheiten sind nicht durchgehend hierarchisch gegliedert. Eigentlich entspricht der aspekthafte, lineare Zugriff viel eher der ganzheitlichen Denkweise.

Als wesentliche Wirkfaktoren tauchen immer wieder auf: Tieridentifikationen; kreative Übungsinhalte; sensomotorische, psychomotorische und soziomotorische Geschehnisse; mimische, gestische und pantomimische Gestaltungen; die Lautbildung; kognitive Aspekte; Lied und Szene.

Die inhaltliche Seite brauche ich hier nicht weiter auszubreiten. Dennoch möchte ich drei
Schwerpunkte hervorheben, die sich wie ein roter Faden durch alle Spielsequenzen ziehen.

1. Der Einsatz geeigneter Musikinstrumente
   * Sie bilden die motivationale Basis für Bewegung, Ausdruck und Lautbildung
   * Sie lassen sich in Hinblick auf Tonhöhe, Lautstärke, Klangcharakter und Tempo
   <u>direkt</u> auf die Lautbildung übertragen. Es kommt zu keinen intersensorischen
   Störungen.

2. Die Identifikation mit Tieren
   Als Sprachheillehrer sieht man sehr deutlich, wie wertvoll eine gelegentliche
   Entbindung von der menschlichen Norm für den sprachbehinderten Schüler sein
   kann. Manch ein Schüler ist wie ausgewechselt: Sprache und Stimme ändern sich
   grundlegend, der Sprachumsatz ist wesentlich höher und er wirkt viel freier.
   In der erlebnis- und ausdruckstherapeutischen Psychologie wird gerade die Über-
   nahme von Tierrollen sehr hoch eingeschätzt.*

3. Das Lernen in der Entspannung
   Jeder von uns kennt die Einwirkung der psycho-physischen Befindlichkeit auf
   Stimme und Sprache. Auch beim sprachbehinderten Kind haben Ängste, Unsicherhei-
   ten und Verkrampfungen ihre Entsprechungen im sprachlichen Bereich. Entspannungs-
   techniken wirken sich daher positiv auf sprachliche Lernentwicklungen aus.
   Erwähnen möchte ich im Zusammenhang noch eine Lernform, die inzwischen aufgrund
   der großen Erfolge beim Erlernen von Fremdsprachen auch in der BRD bekannt geworden ist: das Lernen in der Entspannung - auch "superlearning" genannt.**

*/** s. Literaturangaben

DIE MUSIKINSTRUMENTE

Das Buch wendet sich an den musikalischen Laien. Es kann schließlich nicht davon ausgegangen werden, daß jeder Lehrer oder Erzieher musikkundliche oder musiktechnische Fähigkeiten und Fertigkeiten besitzt. Von der Intention des Buches her reichen aber ganz elementare Grundkenntnisse vollkommen aus. Sie vitalisieren nicht nur das Spielgeschehen allgemein, sondern sie regen zu erhöhter auditiver Wahrnehmung und zur gezielten Lautproduktion an.
Bei allen Spielsequenzen werden lediglich vier einfache Musikinstrumente eingesetzt, die sicherlich an jeder Schule bzw. an jedem Kindergarten zu finden sind:

1. Das Xylophon (es könnte durch ein Metallophon, u.U. auch durch ein Glockenspiel ersetzt werden - Tonbereich ist zunächst beliebig)
2. Das Tamburin
3. Die Rassel
4. Der Triangel (er könnte notfalls durch das obige Xylophon ersetzt werden)

1. Das Xylophon

Dieses Instrument wird bei allen Spielen am häufigsten verwendet. Hier soll auf anregende Formen der Verwendung hingewiesen werden, die letztlich über die im Buch dargestellten Möglichkeiten hinausreichen.

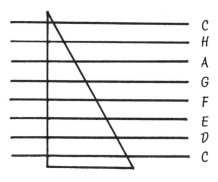

Die Abbildung stellt eine piktographische Vereinfachung des Xylophons dar, wie sie im Buch verwendet wird. Das Xylophon besteht aus mindestens 8 Klangstäben und ist meist in C-Dur gestimmt. Die Tonhöhen sind auf den Klangstäben aufgeprägt. Sollte ein Xylophon mehr als 8 Klangstäbe besitzen, so wiederholen sich die Töne lediglich in der nächsten Tonleiter. Der Leser kann entweder diese weiteren Töne unberücksichtigt lassen oder die dargestellten Vorgänge analog auf die nächste Tonleiter übertragen.

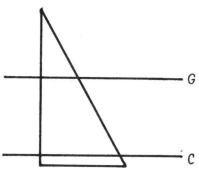

Meist werden nicht alle Töne angespielt. Es ist daher zweckmäßig, überflüssige Klangstäbe herauszunehmen. So kann man sich besser auf das Spielgeschehen konzentrieren.

Die links dargestellte Abbildung erscheint oft im Buch. Hier beschränken wir uns z.B. auf die beiden (wichtigsten) Töne C und G.

    Der Ton C gilt im Buch als Tiefton

    Der Ton G gilt im Buch als Hochton

(Das hohe C ist klanglich vom tiefen C schwerer zu differenzieren und stimmlich etwas hoch)

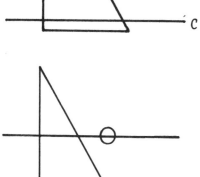

Die zeitlichen Abläufe werden als Abfolgen von links nach rechts dargestellt. Hier folgt auf einen Hochton G ein Tiefton C.

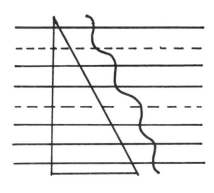

Diejenigen Klangstäbe, die entweder herausgenommen oder belassen werden können, sind als gestrichelte Linien eingezeichnet.

Die schräg nach unten gewellte Linie stellt ein "Glissando" nach unten dar. Hier streicht man mit dem Schlägel locker von oben nach unten über sämtliche Klangstäbe hinweg.

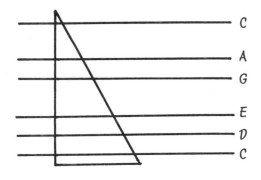

Die pentatonische Tonleiter

Man entfernt aus einer Tonleiter den 4. und den 7. Ton (Gleit- und Leitton) und erhält eine in sich schwebende Tonreihung. Diese sog. pentatonische Tonleiter wird z.B. im Orff-Schulwerk oft verwendet. Sie hat den Vorteil, daß man keine harmonischen "Fehler" spielen kann: Der Zusammenklang stimmt immer!

Hat man etwa mehrere Xylophone, so kann man diese auf mehrere Kinder verteilen. Beläßt man nun in jedem Xylophon 1-3 Klangstäbe <u>aus der pentatonischen Reihe,</u> so kann man spontan ohne kompositorische Vorkenntnisse mit ein wenig rhythmischem Geschick schöne Lieder und Begleitungen erfinden.
Alle Begleitungen sind so "imaginativ", daß auch ohne Liedvorgabe oft sprachbehinderte Kinder mit einem Sprech-Gesang beginnen.

Die vier Spielsequenzen in diesem Buch enden jeweils mit einem Beispiel aus diesem Bereich. Ich möchte betonen, daß es sich hierbei um mögliche Beispiele handelt, die den Leser zu eigenen Versuchen anregen sollen. Es macht wirklich viel Spaß, auf diese Weise die kindliche Sprache zu entfalten.

2. Das Tamburin

Während das Xylophon mehr den melodisch-stimmlichen Bereich erfaßt, fördert das Tamburin die rhythmisch-motorischen Fertigkeiten. Die Dynamik dieses Instrumentes liegt jedoch auch in der Variation der Lautstärke. Wir sollten die ganze Streubreite an Möglichkeiten ausschöpfen: vom "Knall" bis hin zum sanften "Streichen".

Das Tamburin erscheint in den Abbildungen als Kreis mit Schlägel

3. Die Rassel

Das diffuse Geräusch der Rassel erinnert sehr stark an die Engelaute "sch","ch" und "s". Bei sprachauffälligen Kindern wird dieses Instrument daher die auditive Wahrnehmung für diesen Lautbereich fördern und über das Imitationslernen zur richtigen Lautbildung führen.

Die Rassel erscheint in den Abbildungen als Oval

4. Der Triangel

Charakteristisch ist der langgedehnte, immer schwächer werdende Hochton. Er eignet sich für konzentriertes Hören bis hin zur Hörschwelle, aber auch für das langsame "Einfrieren" von Bewegungen.

Der Triangel erscheint in den Abbildungen als Dreieck mit Stäbchen

DIE SYMBOLIK

Der Leser soll auch als Musik-Laie beim Betrachten der Einheiten mit einem Blick die Abläufe erfassen können. Die graphischen Notationen und Zeichen sind daher auf ein Minimum beschränkt.

Änderungen der Lautstärke:

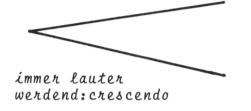

immer lauter werdend: crescendo

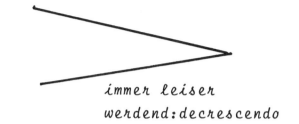

immer leiser werdend: decrescendo

Notenwerte:

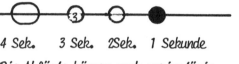

4 Sek.   3 Sek.   2 Sek.   1 Sekunde

Die Abläufe können auch geringfügig schneller sein

Pause

Weitere Zeichen: < in spitzen Klammern steht, was gesprochen wird >

Wh = Wiederholung des ganzen Ablaufs

Forts. = Fortsetzung

{ 1.Zeile...........................
  2.Zeile........................... }

nach der 1.Zeile wird gleich die 2.Zeile gesungen

——— ... ——— ...

die musikalischen Abläufe werden in gleicher Weise weitergeführt

Zeichen im Instrument:

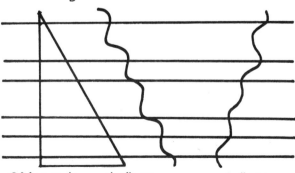

Glissando : abwärts - aufwärts
locker über alle Klangstäbe gleiten

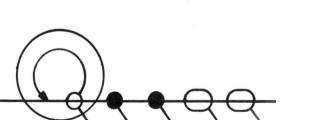

über das T. - kurz-kurz-s.lang-s.lang streichen

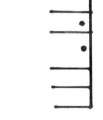

Wiederholung

ERLÄUTERUNGEN ZUR DARSTELLUNGSFORM

Die Abläufe der Stundenbilder wurden in einer tabellarischen Form dargestellt, um dem Praktiker einen schnellen Überblick zu geben. Der Leser möge sich dieses Raster erst einmal kurz zueigen machen.

Das Raster zur Gruppenförderung

Beim Lesen der "Zeilen" (3-6) von links nach rechts erhält man Informationen über Einzelabläufe:

Zeile 1 - kennzeichnet das Stundenthema

Zeile 2 - erläutert die notwendigen Vorbereitungen auf die Stunde, falls diese erforderlich sind

Zeile 3 - skizziert meist piktographisch die Aktivitäten des Lehrers oder Erziehers

Zeile 4 - beschreibt das erwartete motorische und szenische Verhalten des Kindes

Zeile 5 - schildert das erwartete körpersprachliche und sprachliche Verhalten des Kindes

Zeile 6 - listet wesentliche Inhalte der Spieleinheit auf

Beim Lesen der "Spalten" von oben nach unten können Lehreraktivitäten, Schüleraktivitäten und Inhalte zu einem bestimmten Zeitpunkt der Einheit miteinander verglichen werden.

Das Raster zur Einzelförderung

Dieses Raster ist wesentlich einfacher und weniger differenziert. Hier sind in der linken Spalte die Lehreraktivitäten abgehoben. In der rechten Spalte findet man Schülertätigkeiten, Abläufe und Inhalte.

DIE GRUPPENFÖRDERUNG

1
3

DIE AFFEN LERNEN SICH KENNEN

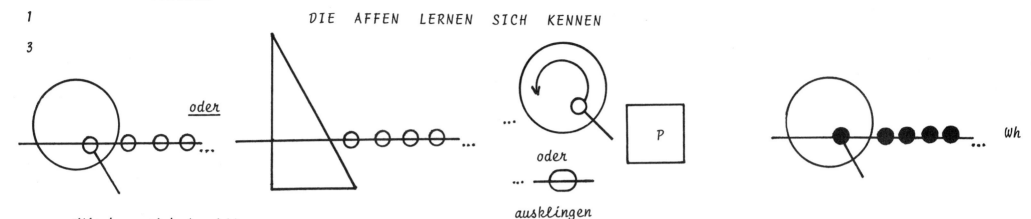

                                                                                                ausklingen lassen

<Wie kann sich der Affe noch bewegen?>			
4	Freie Gangart nach der Art der Affen Spontane Affengestik	Zuwenden zu einem Partner Einnehmen einer statischen "Affenhaltung" Fixieren dieser Grundhaltung	Freie Bewegung als Reaktion
5	Spontane und freie Affenmimik Freie Urlaute	Anschauen des Partners Keine Lautbildung	Freie Lautbildung als Reaktion
6	*Erste Identifikation mit dem Affen *Freie Raumerschließung *Anbahnen rhythmischen Gehens *Anbahnen einer Integration in einen sozialen Rahmen	*Ausrichten auf einen Partner *Konzentrieren auf eine statische Haltung (vestibuläre Aktivierung, Schaffung von Körperbewußtsein) *Erleben der eigenen Haltung *Erleben der Haltung des Partners	*Reagieren auf die erlebte dialogische Grundsituation *Anbahnen sozialer und kommunikativer Grundhaltungen

Hinweis: Die Gesichtsmimik des Affen mit dem typischen nach vorne hervortretenden Mund ist richtungsweisend für die spätere Sch-Lautbildung. Zunächst finden Kinder spontan gerne dem "U" ähnliche Lautbildungen.

DIE AFFEN HABEN MANCHMAL ANGST

1

3

```
        /|
       / |
      /  |     o o o o              o
A ───/───┼─────────────────────────────────
    /    |
   /     |
  /      |
 /       |
B ───────┴──────────o o o ...
```

   Wh

... ─o─

Regelmäßige, aber freie Melodieführung
Anpassung an die motorische Fertigkeit der Kinder

Tiefton ausklingen lassen   ⟨ schsch...⟩
                                u.U. sanft anlautieren

4 Bewegung zum Hochton A:
   aufrechte Gangart - "befreites" Gehen mit selbstbewußter und selbstsicherer Körperhaltung
   Bewegung zum Tiefton B:
   gebeugte Gangart - "eingeengtes" Gehen mit ver-
   unsicherter und ängstlicher Körperhaltung

   Erstarren in der gebeugten Haltung
   Beibehalten der Gestik

5 Mimik bei Hochton A:
   Übersteigertes Lächeln mit breitem Mund -
   Lautieren des hellen Vokals "i"
   Mimik bei Tiefton B:
   Finsterer und furchtsamer Blick mit Schnuten-
   mund - Lautieren des dunklen Vokals "u"

   Beibehalten der Mimik
   Suche eines zur Rassel passenden Lautes
   unter Beibehaltung des Schnutenmundes

6 *Hören verschiedener Tonhöhen
   *Gelenkte Rhythmisierung der Bewegung
   *Zuordnen von Tonhöhe, Bewegung, Mimik und
    Lautbildung
   *Erleben der Stimmigkeit von Gefühl, Körper-
    haltung und Lautbildung
   *Gestisch-emotionale Ausformung der Vokale
    "u" und "i"

   *Konzentrieren auf eine statische Haltung
    (vestibuläre Übung, Schaffung von Körper-
    bewußtsein)
   *Bewußtes Erleben der eigenen Körperhaltung
    und der Gesamtgestalt
   *Zwangloses Suchen des Lautes "sch"

Hinweis: Eine passende Rahmengeschichte kann die Erlebens-
         fähigkeit entscheidend verbessern!

1   DIE AFFEN PFLÜCKEN KOKOSNÜSSE UND WERDEN MÜDE

2   Das Spiel sollte auf einem Teppichboden durchgeführt werden

3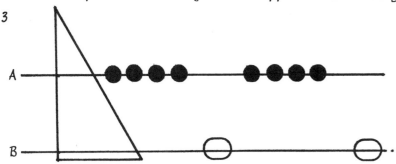

                                                                                      < Sch - l - a - f >
                                                                                      Sehr gedehnt sprechen !

                                                             <schsch...>

4   Bewegung zum Hochton A:
      Ausladende und kraftvolle Greifbewegungen
      in gestreckter Körperhaltung
      Bewegung zum Tiefton B:
      Lockeres und "müdes" Abbeugen des Körpers   Weiteres Lockern in der abge-   Möglichst lockerer Übergang
      <Ablegen der Kokosnüsse>   beugten Haltung   in die Rückenlage

5   Mimik bei Hochton A:
      Übersteigertes Lächeln mit breitem Mund
      Lautieren des hellen Vokals "i"
      Mimik bei Tiefton B:
      Müder Blick mit lockerem Schnutenmund   "Müdes" und lockeres Anblasen   Entspannen der Gesichtsmimik
      Lautieren des dunklen Vokals "u"   des Lautes "u" zum "sch"

6   *Siehe Inhalte der letzten Übung   *Entspanntes Konzentrieren   *Umsetzen der Hörsequenz(das Wort
      *Weiterreichende Lockerung des Lautes "u"   *Hören der Rassel (und des "sch")   "Schlaf")in eine Bewegungsabfolge
      *Evtl. intensive Atemübung - s.Hinweis 2   *Anbahnen des Lautes "sch"   *Völliges Entspannen

Hinweis 1: Die Kinder sollten gelegentlich suggestiv verstärkt werden: <Die Kokosnüsse hängen sehr, sehr hoch>;<Die Affen werden
            von den schweren Kokosnüssen sehr müde>; <Hört ihr den Abendwind?(=Rasselgeräusch)>...
Hinweis 2: Der Vokal "i" kann auch inspiratorisch erzeugt werden. Somit entsteht synchron zur Streckung und Beugung die adäquate
            Atemführung.

1 DIE AFFEN TRÄUMEN

2 Ein großer Teppich befindet sich in der Mitte des Raumes. Alle Kinder legen sich in Rückenlage nieder und schließen die Augen.

3

immer langsamer/leiser werdend — ausklingen lassen — <schsch..> mehrmals leise — Evtl. <Sch-l-a-f> s. letzte Übung u.U. meditative Musik einsetzen

4 Bewegung zum Hochton A:
Die Arme werden locker senkrecht nach oben bewegt (=angedeutete Greifbewegung)
Bewegung zum Tiefton B:
Die Arme werden wieder sanft neben dem Körper abgelegt

Die Arme bleiben sanft neben dem Körper liegen

5 Mimik und Lautbildung bei Hochton A:
Einatmung mit stimmlosem "i" bei lockerer "Mundstreckung"
Mimik und Lautbildung bei Tiefton B:
Ausatmung mit stimmlosem "u" bei lockerem und leicht gerundetem Mund

Lockere Beibehaltung der für "u" und "sch" typischen Mundformung
Lockeres Anblasen des Lautes "sch" (zur Rassel)

6 *Weiteres Absenken des Tonus
*Vertiefen der Körperwahrnehmung
*Harmonisieren des Atemflusses
*Sensibilisieren für die feinmotorischen Aktivitäten im Mundraum
*Siehe auch Inhalte der letzten beiden Übungen

*Siehe Inhalte der letzten Übung
*Lernen in der völligen Entspannung (s.z.B."superlearning")

Hinweis: Günstig ist eine suggestive Verstärkung mit abgesenkter Stimme:< Ich bin ganz ruhig >;<Die Arme werden wohlig müde>...

DIE AFFEN ZÄHLEN KOKOSNÜSSE

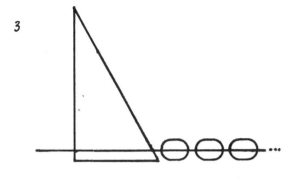 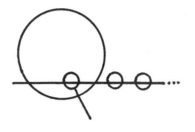 

Sehr langsame Gangart Gebeugte Körperhaltung Affengestik	Zuwenden zu einem Partner "Einfrieren" der Bewegung und Beibehaltung der Position	Keine Bewegung	Spontane Einigung durch nonverbale Gesten (s. rechte Spalte), die die Rolle des Hörers und des Sprechers festlegen	Partner 1 legt eine Handfläche hinter die Ohrmuschel (=konv. Zei. "Ich höre dir zu") Partner 2 bildet mit beiden Händen einen Schalltrichter vor seinem Mund (=konv. Zei. "ich sage es dir leise") - hinzu kommt die Lautbildung: sch-sch... (entspr. den Schlägen)
Typische Gesichtsmimik des Affen mit gerundetem Mund Sprechen von Silben analog zur rhythmischen Vorgabe: "T(sch)uut - t(sch)uu - t(sch)uu...	Verstärkung der Gesichtsmimik durch Vorhalten des senkrecht gestreckten Zeigefingers vor den Mund (=Zei. für "sei einmal ganz ruhig"); Lautbildung: "schschsch..."	Beibehalten der Mimik Keine Lautbildung Hören der Zahl der Trommelschläge (= Zahl der Kokosnüsse)		
*Rhythmisches Gehen nach Gehör *Wahrnehmen der Einheit von Haltung, Gangart, Mundformung und Lautbildung	*Konzentrieren auf die Lautbildung *Ausrichten auf einen Partner *Erleben der eigenen Haltung *Konzentrieren auf statische Haltung *Erleben der Haltung des Partners	*Konzentrieren auf ein Hörbild *Einprägen der Anzahl der Schläge	*Nonverbale Einigung mit einem Partner	*Hören des Lautes "sch" *Verstärkung der Sch-Lautbildung mit einem konventionalisierten Zeichen
Hinweis: Die vorherige oder simultane Einübung vor großen Spiegeln bzw. die Aufnahme auf Video verstärkt den Gesamteindruck.	Hinweis: Konventionalisierte Zeichen werden unmittelbar verstanden.			

DIE KOKOSNUSS-ERNTE

Die Kinder werden in zwei Gruppen aufgeteilt (G1,G2), wobei nach jedem Spieldurchgang die Gruppenaktivitäten ausgetauscht werden. Jedes Kind aus G1 wendet sich zunächst im Raum einem Kind aus G2 zu. Die Gruppe G2 hält Bälle, Luftballone o.ä. in Händen. (=Kokosnüsse)

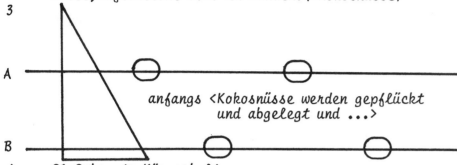

anfangs <Kokosnüsse werden gepflückt und abgelegt und ...>

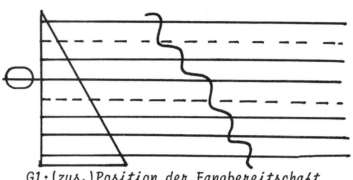

G1: Gebeugte Körperhaltung
  Affengestik
  Keine Bewegung
  Zuwenden zu einem Partner
G2: Bewegung zum Hochton A:
  Ausladende Streckbewegung mit dem Ball
  Bewegung zum Tiefton B:
  Beugebewegung, bei welcher der Ball den Boden berührt

G1: (zus.) Position der Fangbereitschaft

G2: Werfen der Bälle

G1: Keine Lautbildung - Hörerfunktion
G2: Lautbildung bei Hochton A:
  hell - z.B. "ti","ch_1","s"...
  Lautbildung bei Tiefton B:
  dunkel - z.B. "tu","ch_2","sch"...

  Gesichtsmimik wie zuvor

G1: Keine Lautbildung
G2: (vom Hochton ausgehend!) Schneller Lautwechsel:
  "tiiuuu" - führt "behaucht" gesprochen zum "Sch"
  "$ch_1..ch_2$" - ergibt oft schnell ein "Sch"
  "sss..sch"

*s. Inhalte der letzten Übungen

*Anpassen des Lautwandels von Hell nach Dunkel an die Glissando-Melodie
*Synchronisieren des nach vorne tretenden Mundes (Schnute) mit der Ballbewegung ("weg vom Körper")
*Ausrichten/Zielen des Luftstromes nach vorne in Richtung Ball
*Ableitung des Problemlautes "sch"

DAS BANANEN-FANGSPIEL

1
2 Die Kinder bilden einen Spielkreis. Das Spiel ist von der Vorstellung geleitet, daß in der Kreismitte Bananen liegen.
3

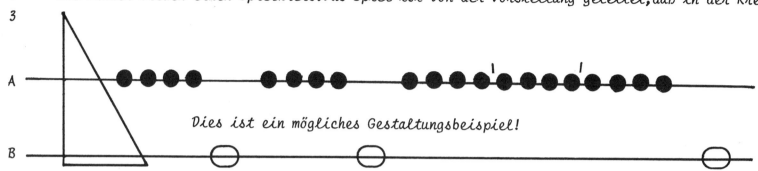

Dies ist ein mögliches Gestaltungsbeispiel!

4 Bewegung zum Hochton A:
   Einfache Gangarten im Kreis
   (oder) Greifbewegungen nach oben im Stand
   Bewegung zum Tiefton B:
   Ausgreifende Armbewegung in Richtung Kreismitte

   Pantomimisches Abreißen einer Banane - Zeigefinger (=Banane) wird in den Mund gesteckt

5 Lautbildung bei Hochton A:
   hell - z.B. "ti", "chi", "si"... -entsprechende Mundform s.o.
   Lautbildung bei Tiefton B:
   dunkel - z.B. "tu", "chu", "schu"... -entsprechende Mundform s.o.

   hier im Beispiel etwa: ti-ti-ti-ti- tuuuuuu; ti-ti-ti-ti-tuuuuuu; ti-ti.....
                  später: tschi-tschi-tschi-tschi-tschuuuu.... o.ä.

   Beibehaltung des rund geformten Mundes
   Lautbildung: ‹schsch...›

6 *Siehe Inhalte der letzten Übungen
   *Erfassen von immer komplexeren melodischen Strukturen
   *Umsetzen in immer komplexere Bewegungs- und Lautbildungsmuster

   *Erfassen der Beendigung einer melodischen Sequenz
   *Überprüfung der Mundformung mit dem Zeigefinger

Hinweis: Das Spiel kann abschließend auch mit wirklichen Bananen durchgeführt werden. Deren Zahl könnte die Zahl der Kinder auch jeweils um eins unterschreiten und wie das bekannte Spiel "Reise nach Jerusalem" ablaufen. Wichtig ist nur, daß die Bananen einzeln am Boden liegen und die Überprüfung der Mundformung mit dem schmalen Stiel vollzogen wird.

UNSER AFFENLIED

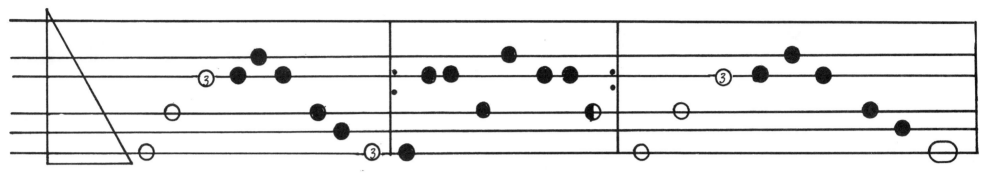

Schim-scham-schum, ein Affe schlurft herum! (Schimpansenaffe, schim-scham-schum, jetzt schau dich nach 'nem andern um!) Schim-scham-schum, ein Affe schlurft herum!

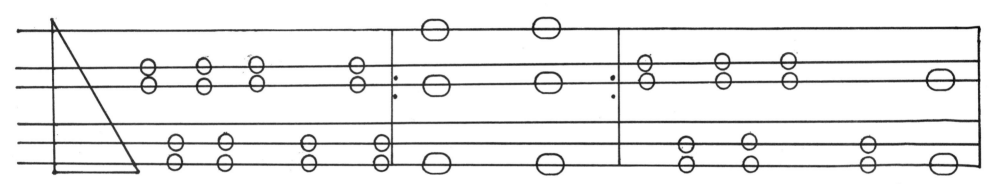

Vorschlag für die Begleitung der obigen Melodie (Das Lied enthält die rhythmischen Elemente von "Tra-ri-ra, der Sommer, der ist da". Es könnte daher auch melodisch übernommen werden.)

Gestaltung:

A) Die Kinder bilden einen Kreis und singen das oben aufgezeichnete Lied. Sie artikulieren den Sch-Laut besonders deutlich, indem sie die erlernte Affenmimik und -gestik beim Laut selbst besonders aktiv einsetzen.
Ein Kind schlurft im Kreis herum und sucht sich gegen Ende des Liedes einen "Gesprächspartner". Nach einer kurzen Unterhaltung nach Affenart darf das erwählte Kind die Rolle des ersten Kindes übernehmen usw.

B) Neuer Textvorschlag:
1.) Schim-scham-schum, ein Affe schlurft herum. Er macht 'ne Schnute, schim-scham-schum - und schaut im Kreise sich schnell um. Schim-scham-schum ....
    Spielweise wie oben
2.) Schim-scham-schum, Bananen sind recht krumm. Die Schnute vor, Bananen rein. Sie schmecken alle wirklich fein. Schim-scham-schum, Bananen ...
    Hier wird noch einmal mit dem Zeigefinger die Mundformung beim Sch-Laut überprüft. (S."das Bananen-Fangspiel")
3.) Schim-scham-schum, ein Affe schlurft herum. Er schenkt mit "sch" Bananen fein und steckt sie in die Schnuten rein. Schim-scham-schum ...

Das Kind im Kreis spricht ein vorbildliches "Sch" und überprüft in der oben dargestellten Weise die Schnutenbildung.

DIE EINZELFÖRDERUNG

Übung SCH 1:

1

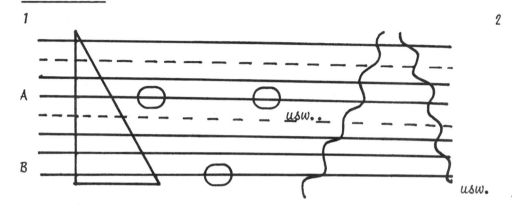

Simultanes Erzählen einer einfachen Geschichte:

< Es war einmal ein Affe. Er... Einmal war er recht lustig. Er... Ein anderes Mal hingegen war er ganz traurig. Er... >

U.U. führen die Kinder die Geschichte selbst fort.

2
*Hören zweier Tonlagen und Erfassen des Wechsels vom Hochton zum Tiefton u.u.
*Zuordnung von ganzheitlich-affektiven Haltungen:
Hochton A repräsentiert eine "Hochstimmung" - Größe, Selbstbewußtheit, Freude ...
Tiefton B repräsentiert eine "Tiefstimmung" - Eingeschränktheit und als Reaktion: Trauer, Furcht oder Ärger

Je mehr man mit einer suggestiven Geschichte in der Aktualsituation das Kind "betroffen" macht, desto eher wird es beim Rollenspiel stimmige Lautbildungen finden. Zielrichtung:
Hochton A: Aufrechter u. selbstbewußter Gang; breiter, freundlicher Mund ⟶ "Lachmund" + Lautbildung "i"
Tiefton B: Gebeugter u. selbstunsicherer Gang; enger, gerundeter und finsterer Mund ⟶ "Schnute" + Lautbildung "u"

*Darstellen durch Bewußtmachung:
- Gestalten statischer Ausdrucksformen zum ständigen Tonlagenwechsel: Streckung - Beugung - Streckung ...
- Zeigen des Wechsels der Gefühlsqualitäten auf dem Bild SCH 1
- Rhythmisieren des Wechsels durch Spurbewegungen auf dem Bild
- Rhythmisieren durch ständigen Lautwechsel: "i"-"u"-"i"...
- Rhythmisieren der Atmung durch inspiratorische Ausführung des Lautes "i" und exspiratorische Ausführung des "u"

* Vertiefen und Einüben:
Das Anspielen des Xylophons im Glissando verhilft zu einem schnelleren Verschleifen der beiden Lautbildungen und verstärkt die kinästhetischen Erfahrungen
* Anbahnen des "Sch":
Die Spurbewegungen auf Bild SCH 1 werden immer ausladender und großflächiger. Hierbei verstärkt sich meist auch die Beatmung der Vokale. Ein kräftig angeblasenes "U" nähert sich dem Laut "Sch" an.

Übung SCH 2:

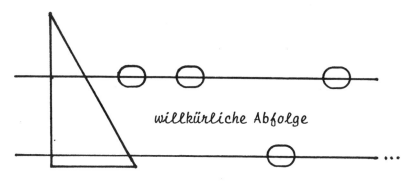

willkürliche Abfolge

Vorbereitung: Ein kleiner, billiger Taschenspiegel wird bei Bild SCH 2 in die Mundregion des Affen geklebt.

Die Übung dient der Verfeinerung der Übungsinhalte der letzten Übung (SCH 1).
*Betrachten und Korrigieren der erlernten Mundbilder:
Der anfänglich sehr langsamen Abfolge der beiden Wechseltöne werden die erlernten Laute und Mundbilder zugeordnet. Die optische Kontrolle im Spiegel stützt die kinästhetische Erfahrung und ermöglicht unmittelbare Korrekturmaßnahmen.

Am Beispiel der beiden kleinen Affenköpfe auf dem Bild (SCH 2) können fehlerhafte Mundformungen spontan berichtigt werden. Somit können Unterbrechungen der kindlichen Aktivitäten vermieden werden.

Übung SCH 3:

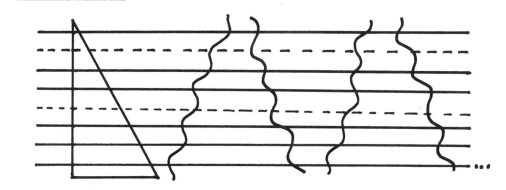

Entsprechend den bisherigen Geschehnissen wird diese Übung von einer affektiven Polarisierung getragen. So "freuen sich" die Affen, wenn sie gerade über einen Ast schwingen. Unten ("u") zu hängen, ist hingegen "weniger erfreulich".
*Darstellungsformen:
- Nachspuren der Äste synchron zum melodischen Verlauf (glissando)
- Verschleifen der polaren Vokalbildungen: uuuiiiuuuiii...
- Betontes Wechseln der Mundformen: gerundeter Mund - breiter Mund...
*Sequentielles Üben:
Nach der Vorgabe einer melodischen Folge wird das Kind aufgefordert, den Ablauf analog auf Bild SCH 3 noch einmal darzustellen.
<Bei welchem Affen hört unsere Geschichte auf?>
*Anbahnen und Einschleifen des "Sch"
- Kraftvolles Anblasen des Lautes "u" <Du brauchst viel Schwung, wenn du nach oben kommen willst!>
- Verschleifen der polaren Vokalbildungen im Lautverbund:

uu(sch)iii(ch)uu(sch)ii.. uuuschwingngng..uusch..

Übung SCH 4:

1

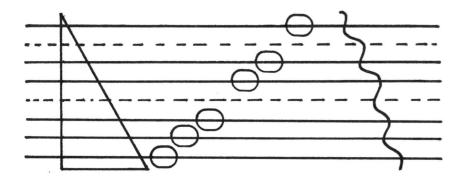

2   Auch bei Bild SCH 4 fühlt sich der Affe hoch droben auf der Palme am wohlsten.

*Anbahnen und Einschleifen des "Sch":
· Zunächst klettert der Affe langsam auf die Palme hinauf.

Lautbildung: ch_2...ch_1
                              sch...s

Mundformung: sukzessive Weitung

· Danach rutscht oder fällt er wieder herunter:

Lautbildung: ch_1.......ch_2 (angeblasen: sch)
                              s........sch....wungng (schwupp)

Mundformung: schnelle Rundung

Übung SCH 5:

1

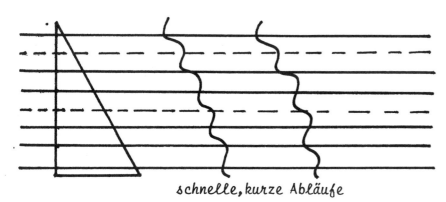

schnelle, kurze Abläufe

2   Der Affe auf der Palme greift lachend eine Kokosnuß nach der anderen. Er bewirft damit den unteren Affen, welcher finster, furchtsam oder auch ärgerlich dreinschaut. (Bild SCH 5)

Die Kokosnüsse werden mit runden Spielplättchen (Flohhüpfern) belegt.

*Anbahnen und Einschleifen des "Sch":
Kurz nach der melodischen Anregung (eine oder mehrere Glissandos abwärts) werden ein oder mehrere Plättchen mit dem Finger gegen den "finsteren" Affen geschnellt.
Diese Plättchen können auch - ähnlich wie beim Flohhüpf-Spiel - mit großen Spielscheibchen zielgerichtet geschossen werden.

Lautbildung: ch_1....ch_2; ch_1....ch_2 (angeblasen: sch)

                              s......sch; s......sch (oder "Schschwung")

Mundformung: Der breite Mund wird schnell gerundet

Übung SCH 6:

1
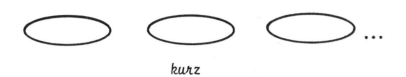
kurz

2 Der Affe geht die aufgezeichnete Strecke auf Bild SCH6 ab und lautiert bei jedem Schritt <sch>.
Die Zahl der Schritte gibt der Lehrer mit der Rassel vor.

*Einschleifen der Mundformung und des gezielten Luftstromes beim "Sch":

A) Haltepunkt "Affe"
   Das Kind bildet mit beiden Händen vor dem Mund einen Schalltrichter (=konvent.Zeichen:"Ich sage es dir leise" - s.Abb.)
   "Der Affe erzählt, wieviele Schritte er gegangen ist" <sch, sch, ...>
Hinweis: Hier wird die Rundung des Mundes gestisch verstärkt und bewußt gemacht.

B) Haltepunkt "wildes Tier"
   Das Kind bewegt den senkrecht gestreckten Zeigefinger vor den gerundeten Mund (=konvent.Zeichen:"Ganz ruhig sein!" -s.Abb.)
   "Der Affe muß ganz leise sein, damit er vom wilden Tier nicht gefressen wird" <schschschsch...>
Hinweis: Eine laterale Sprechweise kann mit der Übung zwar nicht vermieden werden. Der richtungsweisende Zeigefinger korrigiert aber oft die Zungenlage und damit die Richtung des Luftstromes.

Übung SCH 7:

1
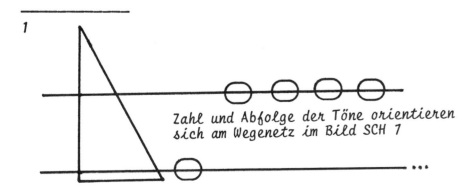
Zahl und Abfolge der Töne orientieren sich am Wegenetz im Bild SCH 7

2 *Übertragung eines Hörbildes in eine Bewegungs-und Lautfolge
s. Inhalte der letzten Übungen (Bild Sch 7)
< Wohin geht der Affe ?>

-Hochton A
Bewegungsrichtung: schräg nach oben
Lautbildung: <i> <ch_1> oder <s>
Mundformung: breiter "Lach"-Mund

-Tiefton B
Bewegungsrichtung: schräg nach unten
Lautbildung: <u> <ch_2> oder <sch>
Mundformung: gerundete "Schnute"

<Wohin gelangt der Affe?>

DIE GRUPPENFÖRDERUNG

1

3   oder/und ⟨sss...⟩   DIE SCHLANGEN TANZEN   P   Wh

⟨Wie kann sich die Schlange noch bewegen?⟩

4	Vielfältige und zwanglose Schlängelbewegungen mit Körper, Armen, Beinen, Kopf, Finger, Zehen, Schultern, Po, Zunge oder Augen	Langsame Rücknahme der Bewegungsintensität (fading out)	"Einfrieren" der Bewegung -Beibehaltung der augenblicklichen Position
5	Spontane und freie Assoziation von Lauten, die zur Schlängelbewegung passen	Langsame Rücknahme der Intensität der Lautbildung	Keine Lautbildung
6	*Erste Identifikation mit der Schlange *Bewußtes und handlungsorientiertes Hören des Triangels *Zuordnen von Ton(Laut) und Bewegung *Finden freier Bewegungsvarianten für Schlängelbewegungen *Freie Raumerschließung *Anbahnen einer Integration in einen sozialen Rahmen	*Bewußtes und handlungsorientiertes Hören des abschwellenden Tones *Synchronisation der Lautstärke des Tones und der Bewegungsintensität *Ausloten der eigenen Hörschwelle *Erkennen der vestibulären und tonischen Besonderheiten bei langsamen Bewegungen (slow motion/Eutonie) *Erkennen der stimmlichen Besonderheiten bei der Rücknahme der Intensität der Lautbildung	*Erspüren statischer Körperhaltungen (Körperbewußtsein) *Erkennen der Raumposition

Hinweis: Nr.5 wird erst ergänzt, wenn die Bewegungsabläufe sicher gelingen!

SICH SCHLÄNGELN

1

2 Ein Teppich in der Ecke des Raumes dient als "Schlangennest"

3

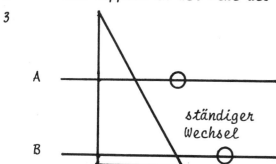
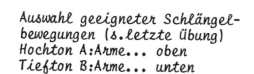
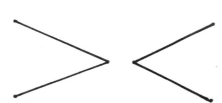
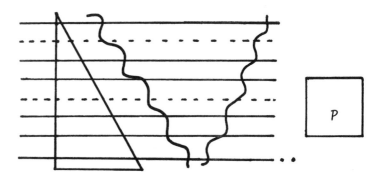

4 Auswahl geeigneter Schlängel-
bewegungen (s.letzte Übung)
Hochton A:Arme... oben
Tiefton B:Arme... unten

Die Schlängelbewegung ergibt
sich aus dem ständigen Wechsel
der Positionen

Rücknahme bzw. Zunahme der
Bewegungsintensität

Sehr schnelle Schlängel-
bewegung - Aufsuchen des
"Schlangennestes"

Ruheposition auf
dem Teppich

5 Hochton A:Lautieren des "i"
(heller, hoch klingender Ton)
Tiefton B:Lautieren des "a"
(dunkler, tief klingender Ton)

Rücknahme bzw. Zunahme der
Intensität der Lautbildung

Sehr schneller Laut-
bildungswechsel

Keine Lautbildung

6 *Hören verschiedener Tonhöhen
*Gelenkte Rhythmisierung der
Bewegung
*Zuordnen von Tonhöhe und
Bewegung
*Synchronisation heller und
dunkler Vokalbildungen mit
der Bewegung

*S.letzte Übung
*Hören an-und abschwellender
Tonreihen
*Synchronisation der Laut-
stärke der Tonreihe und
der Bewegungsintensität

↑
Dieser Teil kann auch ent-
fallen!

*Hören eines weiteren
Signals
*Schnelles Reagieren
*Individuelles Beschleunigen
der Bewegung und Lautbildung

*Entspannen
*"Nachspüren"

Hinweis:

26

DIE SCHLANGEN SCHLAFEN EIN

Ein großer Teppich befindet sich in der Mitte des Raumes. Alle Kinder legen sich in Rückenlage nieder.

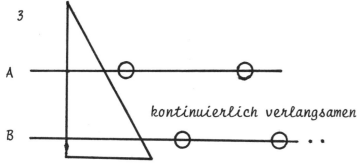 kontinuierlich verlangsamen

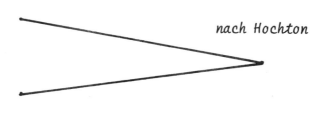 nach Hochton

 leise   P    leise   Forts.

4	Die bereits eingeübten Schlängelbewegungen werden in Rückenlage wiederholt (s. letzte Übungen). Es bieten sich an: Arme, Beine, Finger, Zehen, Schultern, Po und Zunge	Die Bewegungen werden verlangsamt und bis zur Bewegungsvorstellung reduziert.	Entspannte Ruhe
5	Lautbildung wie bei der letzten Übung	Die Vokale werden mit ständig sich reduzierender Stimme bis hin zur Stimmlosigkeit gebildet. Auch die Mundbewegugen lassen nach.	Mehrmaliges - leicht zischendes - Aushauchen des Vokals "i" unter Beibehaltung eines entspannten "i-Mundes"
6	*Die bereits erwähnten Übungsinhalte werden gefestigt.	*Vertiefte Körperwahrnehmung in der Entspannung *Lockerung der Mundregion	*Wohlig entspannte Grundhaltung *Anbahnung des S-Lauts über das sanfte "Anblasen" des "i"

DIE SCHLANGENBESCHWÖRUNG

1

3

Tempo auf die Gruppe abstimmen!

nach Hochton: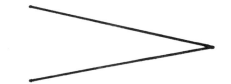

4 Schlängelbewegung mit den Armen
unter Einbeziehung des ganzen Körpers:

aus der Hocke → in die Streckung → in die Hocke usw.
zurück

Gezielte parallele Streckung beider Arme nach oben - Zeigefinger deuten nach oben
Blick nach oben

5 Lautbildung:

vom "Ch_2" bei → zum "Ch_1" bei → zum "Ch_2" usw.
geöffnetem   breitem   zurück
"a-Mund"   "i-Mund"

Der Wechsel erfolgt möglichst kontinuierlich!

"Ch_1"-Laut tendiert bei abnehmendem Krafteinsatz zum "S" hin

6 *Hören ansteigender und abfallender Tonfolgen
*Zuordnen einer passenden Bewegungsfolge
*Einüben der akustischen und kinästhetischen Unterscheidungsfähigkeit heller und dunkler "ch"-Bildungen
*Einschleifen des Wechsels vom "Ch_1" zum "Ch_2" und umgekehrt

*Grobmotorisches Unterstützen der Anbildung des "S": Die parallele Streckung beider Arme stellt analog die Einengung des breiten Luftstromes beim "Ch_1" dar. Der Atem strömt daher verstärkt über die Mittellinie der Zunge.
*Dosieren des Luftstromes durch langsam abnehmenden Krafteinsatz beim Atmen

DIE SCHLANGEN BESUCHEN SICH

Auslegen von abwechselnd hellen und dunklen Teppichfliesen (Tonpapier...) im Kreis. Die Kinder hocken hinter jeweils einer Fliese.

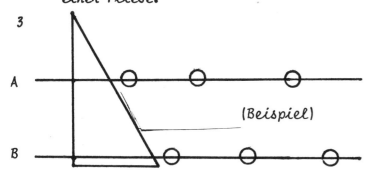 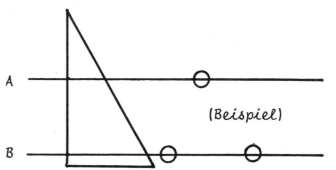 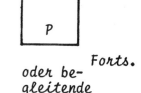

Anschauen eines Kindes Spielen irgendeiner Folge von Wechseltönen		Spielen einer neuen Folge von Wechseltönen
Kind 1 bewegt sich simultan oder nach dem Hören der Tonfolge im Uhrzeigersinn: Hochton A: helle Fliese betreten; Streckung Tiefton B: dunkle Fliese betreten; Beugung	Kind 1 erreicht die Fliese von Kind 2 Beide Kinder "unterhalten sich" mit schlangenartigen Bewegungen. Es eignen sich Bewegungsimitationen oder Frage-Antwort-Spiele.	Kind 2 bewegt sich... (s. Spalte 1)
Hochton A: helle Silben-si, sim... Tiefton B: dunkle Silben-sa, sam...	Verschiedene Lautbildungen im Zusammenhang mit dem Engelaut "S"	s. Spalte 1
*Schulen des serialen Hörens *Zuordnen von hellen und dunklen Farben zur Lautbildung und Bewegung (Synästhesie) *Einschleifen des "S"-Lauts in der Silbe	*Interaktion und Kommunikation mit einem Partner	s. Spalte 1

Hinweis: Als Variante können die Teppichfliesen auch willkürlich im Kreis ausgelegt werden. Die Tonfolgen müssen in diesem Falle allerdings an die Farbfolge angepaßt werden.

UNSER SCHLANGENLIED

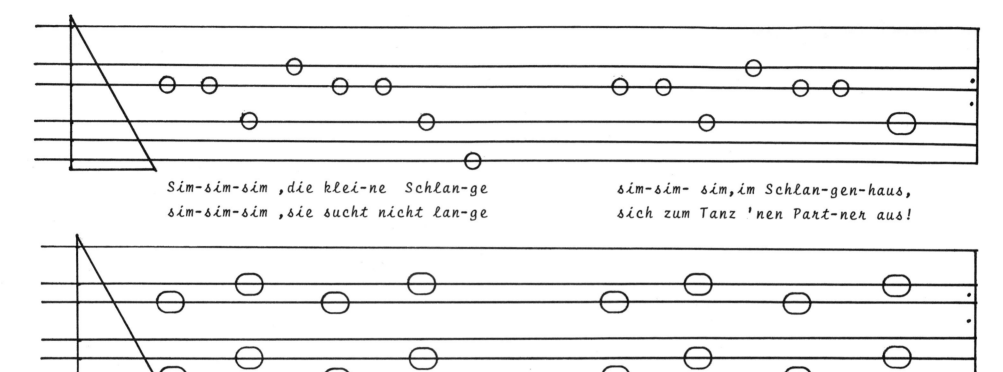

Sim-sim-sim, die klei-ne Schlan-ge   sim-sim-sim, im Schlan-gen-haus,
sim-sim-sim, sie sucht nicht lan-ge   sich zum Tanz 'nen Part-ner aus!

Vorschlag für eine Begleitung der obigen Melodie

Gestaltung:

1. Die Kinder bilden einen Kreis und singen das oben aufgezeichnete Lied. Sie artikulieren den S-Laut besonders deutlich, indem sie "sim-sim-sim" und "sich zum Tanz" mit jeweils drei Klatsch-, Stampf-, Patsch- oder Schnalzgeräuschen begleiten.
Ein Kind tanzt mit einer zuvor erdachten Schlängelbewegung im Kreise herum und bildet den -neu erworbenen- S-Laut isoliert und möglichst langatmig.

2. Kurz vor Abschluß des Liedes sucht sich das tanzende Kind einen Partner. Nun tanzen beide Kinder im Kreise herum.
Es eröffnen sich zwei Möglichkeiten:
A) Der gleiche Vorgang wird wiederholt, bis alle Kinder tanzen.
B) Der erwählte Partner imitiert die vorgeführten Tanzbewegungen und lautiert ebenfalls den S-Laut. Diejenigen Kinder, welche den Kreis bilden, singen hierzu einen Refrain, der im pentatonischen Bereich beliebig gestaltet werden kann. Textlich bieten sich lautmalerische Silben an ("Schlangenmusik"), etwa: Soli, soli, soli, sim-sim-sim, ...

DIE EINZELFÖRDERUNG

Übung S1:

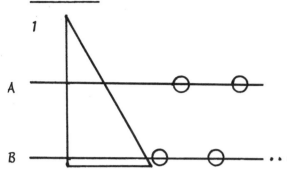

Übung S2:

1 s. Übung S1

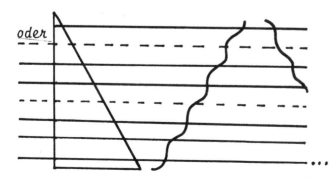

2 *Hören zweier Tonhöhen und Erfassen des Wechsels in die andere Tonlage
*Darstellen der wellenartigen Melodie mit dem Körper, den Armen..
*Darstellen dieser Melodie durch Wellenlinien an einer Tafel, auf Tapetenresten ...
*Darstellen des Ablaufs durch Nachspuren der Schlangenkörper von links nach rechts (Bild S1)
*Erfassen kurzer und langer melodischer Gestalten durch nachträgliches Zuordnen kurzer bzw. langer Schlangen
*Lautliches Imitieren des Tonlagenwechsels - je nach sprachlichem Entwicklungsstand, z.B.

	vom Tiefton B	zum Hochton A und zurück
	vom "u"	zum "i"
	vom "ch_2"	zum "ch_1"
ständiger Wechsel	vom "thu"	zum "thi"
	(vom "schu"	zum "si")

Hinweis: Eine Maultrommel, wie sie in allen Musikalienhandlungen erhältlich ist, kann hier sehr bewußtseinsbildend wirken.
Alle Melodieabläufe sollten in einen Hochton enden. Bei guter Wahrnehmung der Kinästhetik läßt sich der S-Laut oft hier schon ableiten.
*Gelegentlich ist es auch hilfreich, den Laut "n" stimmlich zu modulieren, während der Schlangenkörper rhythmisch nachgespurt wird. Beim Schlangenkopf angekommen, verschließt man bei hochtonigem "n" die Nase. Ein "s" entsteht.

*s. Übungsinhalte S 1
*Darstellen des melodischen Ablaufs durch Nachspuren der Schlangenkörper von links nach rechts. Der ausgeschnittene Schlangenkopf auf Bild S 2 kann simultan zur gehörten Melodie auf dem gewellten Schlangenkörper bewegt werden: ‹Verschieden lange Schlangen!›
*Lautliches Nachgestalten der Melodie in der bei S1 dargestellten Art
*Schnelles Verschleifen der lautlichen Übergänge durch Anspielen des Xylophons im Glissando

Übung S3:

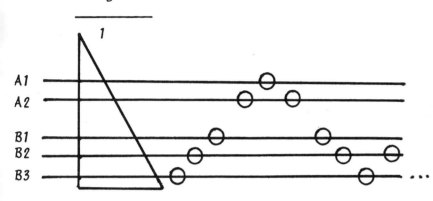

2 Verfeinerung und Vertiefung kinästhetischer Erfahrungen durch Zuordnen des pentatonischen Tonraumes zum gesamten vokalischen Bereich:

Zuordnungsschema: B3 B2 B1 A2 A1
                                        | | | | |
                                        U   O   A   E   I

tief ——————— hoch

*Lautliches "Imitieren" der angegebenen Tonfolge –
Es ist methodisch sinnvoll, die Vokalvibrationen durch entsprechende Schlängelbewegungen mit den Armen (Fingern) zu lokalisieren:

Arme/Finger
"schlängeln" in Bauch- Nabel- Brust- Hals- Stirn-
                   höhe   höhe   höhe   höhe   höhe

                  U   O   A   E   I

*Zuordnung von Mundbildern (Bild S3-rechts)
Die konkreten Mundbilder in einem Spiegel sind als Vorerfahrung für die Übung am Bild erforderlich
*Variieren der Laut- und Tonfolge:
Einfache Wandlungen schulen Gehör und Kinästhetik
*Nachspuren der Schlange (Bild S3 - links)
Zur Spurbewegung, die auch den Mundbildern zugeordnet werden kann, wird mit aufsteigender Melodielinie in Silben schwungvoll lautiert:
        mu - mo - ma - me - miiiii
       (oder lu, hu, fu, nu, ru,...)

Bei der letzten Silbe erreicht das Kind den Kopf der Schlange. Diese letzte Silbe wird gedehnt und leicht zischend angeblasen, wobei ein S-Laut angenähert wird.
Hinweis: Bei lateralen Sigmatismen ist es sinnvoll, der Schlange eine dicke Zunge einzumalen, welche die Vorstellung des gezielten mittleren Luftstromes verstärken soll.

Übung S4:

1

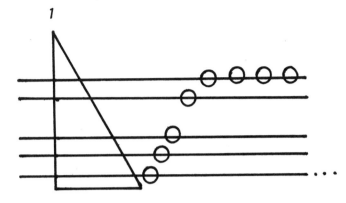

2 Vorbereitung: Bild S4 wird ausgeschnitten. Ein farbiges Stoffband wird als Schlangenkörper an den Kopf angeklebt.

*Die Übungsinhalte von S3 werden gefestigt:
<Schlangenbeschwörung>
Je nach Tonlage "wächst die Schlange immer höher, stellt sich immer mehr auf" - Beim höchsten Ton "fängt sie an zu zischen"*

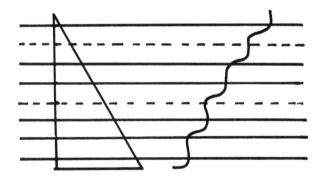

*Die Übungsinhalte von S2 werden gefestigt:
<Schlangenbeschwörung>
Schnelles Verschleifen der Übergänge durch Anspielen des Xylophons im Glissando

Hinweis: Der Übergang berücksichtigt nicht die Vokale zwischen den extremen Positionen des Lautes "a"("u") und des Lautes "i"

Übung S5:

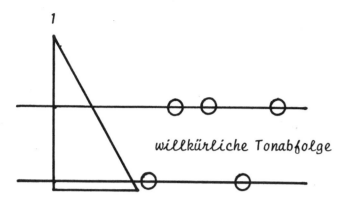

willkürliche Tonabfolge

2   Hören und Erfassen einer Melodie aus zwei Tönen
    Synchronisieren geeigneter Silbenabfolgen
    < Schlangenwege >

*Simultan zur gespielten Melodie wird der Hoch-Tief-Verlauf auf dem Wegebild (Bild S5) mit dem Finger nachgezeigt:

(im Beispiel) Apfel - Stein - Gras - Zweig - Busch

*Der Gesamtverlauf der Melodie wird zunächst abgehört - danach soll in der oben dargestellten Form gespurt werden

*siehe oben
Die der Melodie entsprechende Silbenabfolge wird der Spurbewegung zugeordnet:

im Beispiel: sa - si - si - sa - si ...
             sam - sim - sim - sam - sim ... und andere
             Lösungen

*Varianten:
Grobmotorische Ausführungen (Hocke-Streckung; seitliche Hüpfbewegungen) und großflächige zeichnerische Darstellungen auf Tapetenbahnen ... sind bei Kindern besonders beliebt

Übung S6:

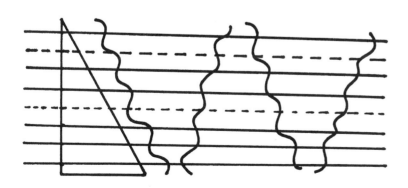

Hören und Erfassen des melodischen Verlaufs der Glissando-Melodie - Synchronisieren geeigneter Silbenabfolgen

Bild S 6 < Die gefräßige Schlange >

*Die der Melodie entsprechende Silbenabfolge wird wie bei Übung S 5 der Spurbewegung zugeordnet:
(im Beispiel) sum - sim - sum - sim - die Schlange hat die Säge gefressen (Sieb, Salz, Socken, Senf, Saft, Sack)

Übung S7:

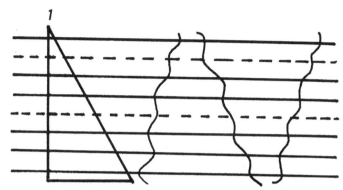

Melodie soll in einen Hochton enden

2 Hören und Erfassen einer wellenartigen Glissando-Melodie
   - Lautliches Imitieren der Melodie durch ständigen
   Wechsel von tieftonigem "ch_2" und hochtonigem "ch_1"

*Darstellen der wellenartigen Melodie mit dem Körper, den Armen ...

*Darstellen der wellenartigen Melodie durch gleichzeitiges oder nachträgliches Nachspuren des Schlangenkörpers (Bild S7)

*Lautliches Imitieren der Melodie und Übergang in ein Wort mit S-Anlaut

Beispiel: Ausgangspunkt ist der Schlangenkopf. Die Schlange hat das Maul weit geöffnet und faucht: <ch_2>

ch_2......ch_1........ch_2........ch_1...SSSSSonne

DIE GRUPPENFÖRDERUNG

1   DIE KROKODILE BEGRÜSSEN SICH

2   Alte Hemden werden mit geeigneten Farben bemalt. Die Kinder stülpen sich diese Hemden bei geschlossenen Krägen über die Köpfe, sodaß nur noch die Gesichter der Kinder zum Vorschein kommen. Die Arme in den Ärmeln bilden die Mäuler der Krokodile.

3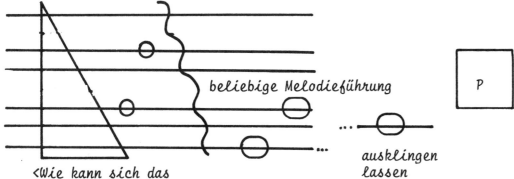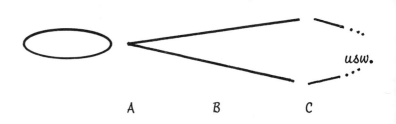

<Wie kann sich das Krokodil noch bewegen?>

ausklingen lassen

A   B   C

4   Freie Bewegung und Gangart nach der Art der Krokodile

Zuwenden zu einem Partner
Ausrichten auf den Partner
(Arme parallel aufeinander-
liegend u. gestreckt = ge-
schlossenes Maul)
Fixieren dieser Grundhaltung

Die gestreckten Arme werden je nach Lautstärke der Rassel maulartig geöffnet:
A = kleiner Öffnungsgrad
C = großer Öffnungsgrad

5   Spontane und freie lautliche Äußerungen wie Zischen, Zungenschnalzen, Fauchen ...

Anschauen des Partners
Keine Lautbildung

Fauchen mit dem Laut "ch" je nach Lautstärke der Rassel:
A = leise, ch_1, Mund wenig geöffnet
B = laut, ch_2, Mund weit geöffnet
Hinweis: Der Öffnungsgrad des Mundes regelt automatisch die Klangqualität des Lautes "ch"

6
* Freie Raumerschließung und räumliche Orientierung
* Identifikation mit der neuen Rolle (Verkleiden = "in eine Rolle schlüpfen")
* Aufgreifen und Interpretieren verschiedener rhythmischer Gestalten
* Erprobung "aggressiver" und anderer Lautbildungen

* Konzentrieren auf eine statische Haltung (Gestaltübung, Schulung des Gleichgewichts, Bewußtwerdung der Körperhaltung)
* Erleben der Haltung des Partners (soziale Orientierung)

* Zuordnen des Engelautes "ch" zum Rasselgeräusch
* Kinästhetisches Erfassen der verschiedenen "Ch"-Lautbildungen
* Auditives Wahrnehmen verschiedener "Ch"-Lautbildungen
* Wahrnehmung aller lautlichen Übergänge vom "Ch_1" zum "Ch_2"

DIE KROKODILE GÄHNEN UND SCHLAFEN EIN

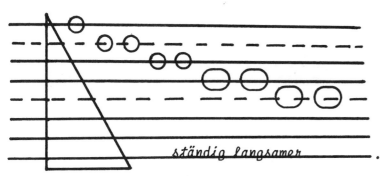

ständig langsamer ...

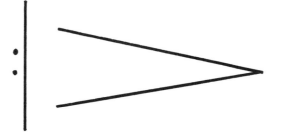

Meditative Musik
sehr leise

Suggestiv: ‹Die Krokodile werden beim Reden langsam müde. Die Unterkiefer werden immer lockerer...›

Je tiefer der Ton, desto weiter senkt sich der untere Arm ab. Der Öffnungswinkel der Arme wird immer größer.

Auf zunehmende gesamtkörperliche Lockerung sollte geachtet werden.

Mund- und Armbewegung werden koordiniert. Auch die Mundregion wird zunehmend lockerer.
Lautbildung: Der Engelaut "ch" verändert sich vom hochklingenden, gespannten "Ch_1" zum tiefen und lockeren "Ch_2" - bis hin zum entspannten Schnarrlaut im Rachen.

*Siehe Inhalte der letzten Übung
*Erfahren der sukzessiven Rückverlagerung der Zunge bzw. der Artikulationsstelle mit zunehmendem Öffnungswinkel des Mundes

Lehrer entspannt sich in gleicher Weise, atmet tief durch und erreicht ein natürliches Gähnen.
Der obere Arm wird locker gestreckt. Ziel ist ein Höchstmaß an Öffnung bei weitgehender Entspannung.

Keine Lautbildung
Freie und tiefe Atembewegung
Das Gähnen stellt sich automatisch ein: ‹Wohlige Lautbildung›
Hinweis: Mehrmaliges Gähnen regt die Vitalfunktionen entscheidend an und fördert die Sprachentwicklung.

*Entkrampfen der Gesamtpersönlichkeit
*Erleben automatisch ablaufender Prozesse (Atmung, Gähnen, Stimmbildung)
*Öffnen des Mundraums im Vorfeld der Verschlußbildung beim K-Laut

Individuelles Finden größtmöglicher Lockerheit
Niederlegen auf einen Teppich

Vertiefung der wohltuenden Entspannung

Weitere Entspannung

*Nachspüren

1   DIE KROKODILE BEKOMMEN IHRE BETTHUPFERL

2   Die Kinder befinden sich entspannt in Rückenlage auf einem Teppich.

3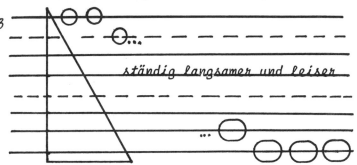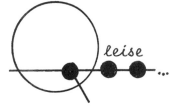

<Du bist jetzt ganz müde und darfst dir ein Betthupferl in den Mund legen!>

                                                               P

4   Es wiederholen sich die Abläufe der letzten Übung – hier: in Rückenlage.
Auf die synergetische Bewegung der Arme kann u.U. verzichtet werden.

       Die Kinder führen selbst einen Finger in den locker geöffneten Mund und berühren sanft die Zunge

       Individuelles Wiederfinden größtmöglicher Lockerheit

5   Der Mund wird mit abfallender Melodielinie immer weiter geöffnet.
Lautbildung: "ch_1"... ..."ch_2"

       Der K-Laut entsteht aus dem lockeren "ch_2"
Hinweis: Die entspannte Ausgangssituation ermöglicht auch sensiblen Kindern, ihren Würgereflex in aller Natürlichkeit wahrzunehmen.

       Beibehaltung/Rückgewinnung der Entspannung des Mundraumes

Hinweis: Weiterübung u.U. auch in Partnertätigkeit mit Lutschern oder Orangensaft

6   *Verfeinern der Übungsinhalte der letzten Übung

       *Anbahnen des K-Lautes durch Ableiten aus dem "Ch_2" bzw. dem Würgereflex
*Entspanntes Erleben automatisch ablaufender Prozesse (Würgereflex)

Hinweis: Der Plosivlaut "k" wird dem Trommelschlag zugeordnet

       *Vertiefung der Übungsinhalte

DIE KROKODILE SIND WÜTEND

2 Vorbereitung wie bei der Einheit "Die Krokodile begrüßen sich"

3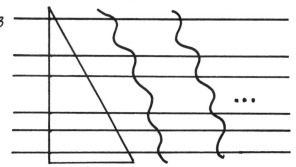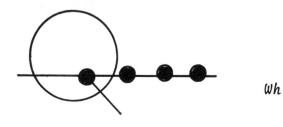

jeweils ausklingen lassen   ausklingen lassen   Wh

4 Gangart und Bewegung in gleicher Weise, wie bereits erlernt
Beschleunigung der Armbewegung analog zur Melodie
Ausladende und kraftvolle Beißbewegungen

Suchen eines Partners
Ausrichten auf den Partner mit weit ausgreifenden Armen

Schnapp-Bewegung als Höhepunkt der weit ausgreifenden Gebärde

5 Koordination von Mund- und Armbewegung wie bisher
Lautbildung etwas kraftvoller und aggressiver:
<$ch_1 ch_2 ch_2 ch_2$> Die Betonung liegt auf dem noch bedrohlicher klingenden dunklen Laut "ch_2"

Gesteigertes Öffnen von Mund und Augen
Anschauen des Partners
Lautbildung: <ch_2........>

Schnelle Beißbewegung mit dem Mund
Lautbildung "k" als Höhepunkt des Wutempfindens
Der bedrohliche "ch_2"-Laut kann hier nicht weiter gesteigert werden.

6 *Ausagieren aggressiver Haltungen in der Gemeinschaft
*Verschleifen der lautlichen Übergänge vom hellen zum dunklen "Ch"

*Dynamisches und expressives Kommunizieren ohne Körperberührung
*Erleben des Partners
*Reagieren auf den Partner

*Aggressionsabfuhr
*Erleben der Kongruenz von Affekt, Körperausdruck und "Sprache"
*Bilden und Einschleifen des Lautes "K"

AUCH KLEINE KROKODILE HABEN HUNGER

a) Die Hände werden mit hautfreundlichen Farben wie "kleine Krokodile" bemalt - oder
b) Ausgediente Handschuhe oder Socken werden bemalt, beklebt... und zu Handpuppen-Krokodilen umgestaltet

 : 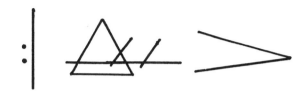  Wh

Die Kinder bewegen sich frei im Raum und spielen mit ihren Händen oder Handpuppen "kleine Krokodile". Beim Erklingen des Triangels reissen die hungrigen Krokodile ihre Mäuler auf und gehen auf Suche nach Futter.	Zuwenden zu einem Partner	Die Kinder packen mit ihren "kleinen Krokodilen" die Nasen ihrer Partner
Ein leiser und hochtoniger "ng"-Laut zeigt an, daß sie wirklich Hunger haben.	Beibehalten des "ng"	Der Laut "ng" geht aus physiologischen Gründen in den K-Laut über. <Mein Krokodil hat sein Fressen gefunden!>
*Bewußtes Hören des Triangels
*Zuordnen von Ton und Bewegung
*Freie Raumerschließung
*Bilden des Lautes "ng" zum Spiel
*Ein- oder beidseitige Greifbewegungen	*Hörübung
*Atem- und Lautbildungsübung
*Anbahnung von Interaktion	*Anbilden des K-Lautes
*Reaktionsspiel

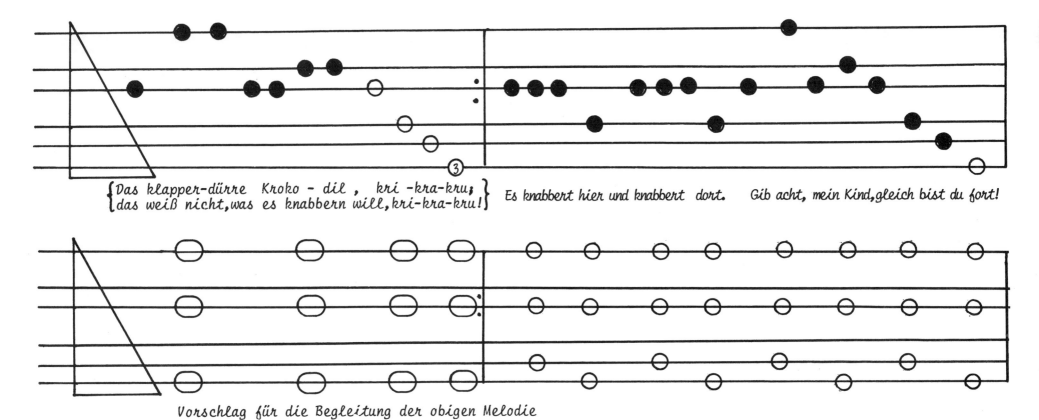

UNSER KROKODILSLIED

{Das klapper-dürre Kroko-dil, kri-kra-kru;
das weiß nicht, was es knabbern will, kri-kra-kru!} Es knabbert hier und knabbert dort. Gib acht, mein Kind, gleich bist du fort!

Vorschlag für die Begleitung der obigen Melodie

Gestaltung:

Die Kinder bilden einen Kreis und singen das oben aufgezeichnete Lied. Sie sprechen den K-Laut besonders deutlich, indem sie bei "kri-kra-kru" die Beißbewegungen mit den beiden Händen oder den Armen darstellen.

Ein Kind bewegt sich inmitten des Kreises wie ein Krokodil. Zweckmäßig ist eine einfache Verkleidung in der bereits oben beschriebenen Art. Dieses Kind knabbert in der erlernten Weise an verschiedenen Kindern herum und bildet Laute im Problembereich. Zum Schluß schnappt es sich ein anderes Kind, welches anschließend dessen Rolle übernehmen darf.

DIE EINZELFÖRDERUNG
==================

Übung K 1:
─────────

1

Das Modellmaul wird bewegt

Kontrolle der Mundbewegungen - u.U. korrigierendes Mitbewegen des Mundes

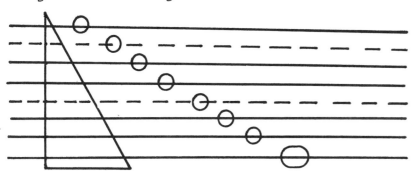

2 Vorbereitung: Der Kopf des Krokodils (Bild K1) wird als Papiermodell ausgeschnitten. Danach sollten Ober- und Unterkiefer beweglich mit einer Musterklammer verbunden werden.

*Imitieren der Maulbewegungen (z.B. Frage-und Antwortspiel)
*wie oben - Ergänzen eines Fauchens (Laut "ch")
*Auditives Wahrnehmen der unterschiedlichen Klangqualitäten je nach Öffnungsgrad des Mundes:

kleiner Öffnungswinkel:	großer Öffnungswinkel:
heller und hoher Ch_1-Laut (wie bei "ich")	dunkler und tiefer Ch_2-Laut (wie bei "ach")
‹klingt nicht sehr gefährlich - Krokodil hat noch keinen Hunger›	‹klingt böse und gefährlich - Krokodil hat großen Hunger›

Hinweis: Die methodische Anbindung an affektive Haltungen verstärkt entscheidend die Bereitschaft und Fähigkeit zur Wahrnehmung!

*Übendes Zuordnen von Klangfarbe und Mundöffnung:
-Aufnahme einfacher Beispiele auf Tonband
-Abhören dieser Beispiele bei gleichzeitiger Mundbewegung

*Zuordnen der abfallenden Melodielinie:

Hochton   Zwischenstufen   Tiefton
Ch_1 ─────────────────────────────────▶ Ch_2
breiter, wenig   Mund weit geöffnet
geöffn. Mund

*Anbahnen des K-Lautes:
Beim sehr weiten Öffnen des Modellmauls wird plötzlich auch die Zunge des Krokodils sichtbar. Das Berühren dieser Zunge löst oft schon schon den Würgereflex beim Kinde aus, sofern es gerade das Krokodil nachahmt.
‹Wir berühren das Krokodil an seiner Zunge, wenn es gerade böse faucht und sein Maul ganz weit offen hat›
Der K-Laut stellt sich in der Folge oft schon beim reinen Anblick der Zunge ein.

Übung K 2:

1

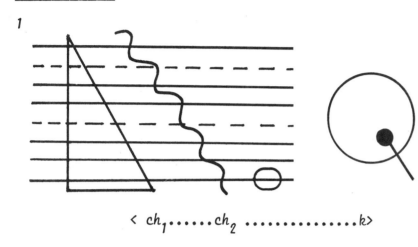

$< ch_1 \ldots ch_2 \ldots k >$

2 * Verfeinern und Einschleifen der erlernten Inhalte:

Das Krokodil (Bild K2) ist noch in Warteposition. Es überlegt, was es packen soll und faucht: $< ch_1 \ldots >$

Plötzlich kommt es aus seinem Hinterhalt, reißt sein Maul gewaltig auf und packt etwas:

$< ch_1 \ldots ch_2 \ldots k (Kuchen) >$

Hinweis: Es ist vor allem in der Anfangsphase von Vorteil, wenn man ein Spielzeugkrokodil mit beweglichem Maul zur Verfügung hat oder auch nur mit der Hand das Krokodil spielt und alle möglichen konkreten Gegenstände (mit "K" im Anlaut) wegschnappt.

Übung K 3:

1

$< ch_2 \ldots k >$

2 Vorbereitung: Bild K3 – Die große, horizontal liegende Zunge wird mit Schleifpapier oder Wellpappe beklebt. Am Ende der Zunge soll auf die gekennzeichnete Stelle ein Streichholz geklebt werden.

*Bilden kinästhetischer Grunderfahrungen:
Ziel ist das synergetische Zusammenspiel verwandter Wahrnehmungsqualitäten. Hier entspricht die Kinästhetik im Mundraum der taktilen Wahrnehmung der Hand:

Laut "ch_2" + Glaspapier vermitteln "das Rauhe", "Reibung"...

Laut "k" + Streichholz vermitteln "die Stolperkante", "das Schlagartige"...

Das Kind streicht mit geschlossenen Augen über den Glaspapier-Streifen und lautiert $< ch_2 \ldots >$ in der erlernten Weise. Sobald es am Streichholz anstößt, soll ein "K" entstehen.

*Einüben der Lautbildung durch Zuordnung von adäquater Geräusche (s. links)

DIE GRUPPENFÖRDERUNG

1

DIE BÄREN BEGRÜSSEN SICH

3

 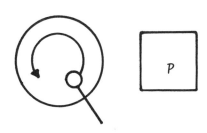 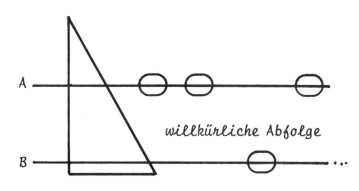

willkürliche Abfolge

Wh.

4 Freie Gangart nach der
   Art der Bären
   Langsames Gehen

   Zuwenden zu einem Partner
   durch drehende Suchbewegung
   Einnehmen einer geeigneten
   statischen "Bärenhaltung"
   Fixieren der Grundhaltung

   Bewegungen im Stand
   Hochton A: Kopfnicken als Gruß
   Tiefton B: Rumpfbeugen als Gruß

   individuelle Gestik

5 Spontane und freie
   Mimik und Lautbildung

   Blickkontakt
   Keine Lautbildung

   Hochton A: Zungenschnalzen mit "I"-Mund
   Tiefton B: Zungenschnalzen mit "U"-Mund

   Die entsprechende Mimik kann situationsangemessen begründet werden.

6 *Erste Identifikation mit
    dem Tier
   *Freie Raumerschließung
   *Anbahnen rhythmischen
    Gehens (slow motion)

   *Erkennen (und Bejahen) der
    dialogischen Grundsituation
   *Konzentrieren auf die statische
    Haltung (Gleichgewicht, Körper-
    bewußtsein)
   *Erleben der eigenen und der
    fremden Haltung

   *Zuordnen von Tonhöhe und Haltung
   *Erspüren der Zungenvibrationen beim
    Zungenschnalzen (R-Laut!)
   *Erkennen von kinästhetischen und lautlichen
    Abhängigkeiten (hoch-tief; hell-dunkel)
   *Zuordnen von Tonhöhe, Haltung und Laut-
    bildung

DIE BÄREN FRIEREN UND WÄRMEN SICH GEGENSEITIG AUF

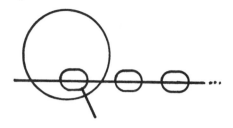

⟨Wie geht/brummt der Bär?⟩

ausklingen lassen

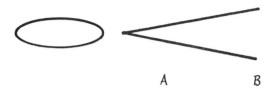

Lehrer suggeriert ein "Kältegefühl"
⟨Es wird immer kälter...Bären frieren..zittern...⟩

4 Freie Gangart nach der Art der Bären
Langsames Gehen

Finden von immer neuen Partnern durch drehende Suchbewegung und Stillstand
Einnehmen geeigneter "Bärenhaltungen"

A) Zunehmendes Zittern – letztlich am ganzen Körper
B) Kinder bewegen sich aufeinander zu und schaffen Körperkontakte

Abfühlen der eigenen und fremden Körpervibrationen an verschiedenen Körperteilen
Hinweis: Beim gegenseitigen Auflegen der Hände werden oft auch Körperteile in Vibration versetzt, die bisher unberücksichtigt geblieben sind!

5 Spontane und freie Mimik und Lautbildung

Schaffen von immer neuen Blickkontakten
Sukzessives Erfassen der Gesamtgruppe

Keine Lautbildung

A) Bilden von Zitterlauten wie "ch","r","Brummlippchen"...
B) Kinder behalten den Zitterlaut bei

Abfühlen der eigenen und fremden Zitterlaute am Ort ihrer Entstehung
Hinweis: Sprachentwicklung beachten!

6 *Identifikation mit dem Tier
*Nutzen der Räume im Übungszimmer
*Konzentrieren auf die langsame Bewegung
*Erstes Ausrichten der Gangart und Sprechweise auf das typisch "Bärenhafte"

*Sukzessives Aufbauen einer Gruppenhaltung
*Konzentrieren auf ständig neue statische Haltungen
*Erleben ständig neuer (eigener und) fremder Haltungen

*Synchronisieren des artähnlichen Rasselgeräusches mit der Zitterbewegung
*Schaffen sozialer Grundhaltungen über Körperkontakte
*Erleben eigener und fremder Vibrationen
*Feine Lokalisierung des Zitterlautes
*Verknüpfen des Lautes mit dem Körperimago (=der Körper, wie er sich anfühlt)

Hinweis: Will man die anfängliche Situation wiederherstellen, so reduziert man die Lautstärke der Rassel. Die Kinder kehren dann an ihren Ausgangspunkt zurück.

DIE BÄREN ESSEN IHRE BETTHUPFERL

Die Kinder befinden sich in Rückenlage auf einem Teppich. Ihre Lippen werden intensiv mit einem farblosen und angenehm riechenden Fettstift eingestrichen (Varianten: Mentholbonbons, Pfefferminz-Süßigkeiten, Honig...). Die Signale der zweiten Spalte sind bereits eingeübt und gesichert. (Siehe entsprechende EINZELFÖRDERUNG)

☐ P oder meditative Musik (Adagio - knappe 60 Schläge/Minute) Lehrer spricht mit abgesenkter Stimme einfache Formeln des Autogenen Trainings: <Ich bin ganz ruhig, ganz..> s. Hinweis ganz unten!	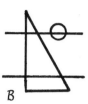 A B C D Lehrer spricht mit sanfter Stimme vertrauenserweckende und für das Kind affektiv bedeutsame Worte: z.B. <Schlaf nun schön... ich gebe dir noch etwas Gutes in den Mund... das wird dir schmecken...>
Entspannte, lockere Rückenlage Hinweis: Der Grad der Entspannung kann leicht überprüft und verbessert werden, indem man Arme und Beine einzeln leicht wiegt. Hierbei erkennt man jede Verkrampfung und leitet zudem Entspannung ein.	Beibehaltung der entspannten Haltung
Gesichtsmimik und Sprechwerkzeuge entspannen sich ohne zusätzliche direkte Einflußnahme über den Gesamtorganismus. (Hier ist nur an eine ganzheitliche Ansprache gedacht)	Vier akustische Signale leiten vier Arten von Zungenbewegungen ein: A = Zunge streicht locker kreisförmig über Ober- und Unterlippe hinweg B = Zunge wird locker über die Oberlippe geschoben C = Zunge wird locker über die Unterlippe geschoben D = Zähne beißen sanft auf die herausgestreckte Zunge
*Abbauen von kognitiven und psychomotorischen Blockaden *Schaffen einer entspannten Grundhaltung	*Vertieftes Wahrnehmen von Aktivitäten im Mundraum in der Entspannung *Motorisches Lernen in der Entspannung (=Ausschalten negativer sprechmotorischer Engramme) *Verbessern der Zungenmotilität zur indirekten Förderung des R-Lautes

Hinweis: Im allgemeinen wird sich der Lehrer mit der Vorstufe des Autogenen Trainings begnügen können. Er selbst benötigt allerdings praktisches Wissen und Erfahrung, um bei seinen Schülern Vertrauen zu finden.

DIE BÄREN SCHNARCHEN UND SCHLAFEN EIN

Die Kinder befinden sich in Rückenlage auf einem Teppich.

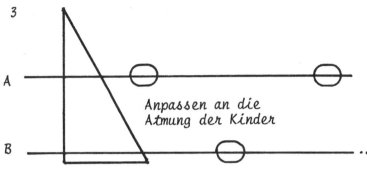

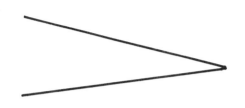

A

B

Anpassen an die Atmung der Kinder

oder meditative Musik (Adagio – knappe 60 Schläge/Minute)

Lehrer spricht einfache Formeln des Autogenen Trainings – s. letzte Übung

⟨Die Bären werden immer müder⟩

Lehrer krault einzelne Kinder sanft an den Hüften, am Hals...

Affektive und bestätigende Äußerungen ⟨Schnurre nur, mein kleines Bärchen... du bist prima...⟩

Entspannte und lockere Rückenlage

Zunehmende Lockerung des ganzen Körpers

Beibehalten der entspannten Haltung

Entspannte Gesichtsmimik

Hochton A: Lockeres und stimmloses Einatmen mit dem Ch_1-Laut
Tiefton B: Lockeres und stimmloses Ausatmen mit dem Ch_2-Laut
⟨Die Bären schnarchen⟩

Entspannte Gesichtsmimik

Vertiefen der entspannten Atmung
Rücknahme der Intensität der Lautbildung – u.U. bis hin zur "Lautvorstellung"
⟨Die Bären schlafen langsam ein⟩

Individuelles Weiterführen der entspannten Atmung
Aus der angenehmen Körperempfindung und der lockeren Einstellung des Lautes "ch" entsteht ein lockeres Zäpfchen-R.

*Einbeziehen rhythmisierter Atmung in den Entspannungsprozeß
*Synchronisieren der Wechseltöne mit der Ein- und Ausatmung
*Erspüren der Zungenvibrationen beim Ch-Laut (R-Laut!)

*Schaffen einer leicht hypnoiden Situation
*Wecken einer Bereitschaft für die Prozesse in der nächsten Spalte

*Erwecken von Vertrauen durch Körperkontakt
*Erspüren der lockeren Vibration im Mundraum
*Anbahnen des R-Lautes

UNSER BÄRENLIED

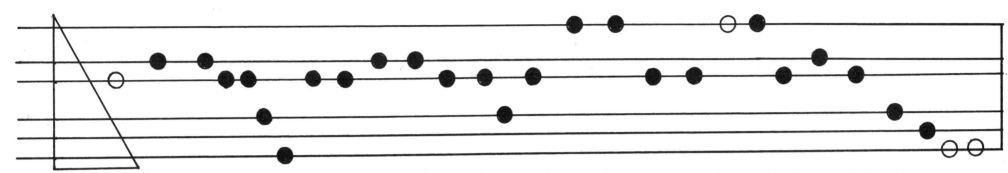

Brum-Brum-Brimborium, ein Brummbär geht im Kreis herum. Er bringt dem Freund den Braten, doch wem wird nicht verraten!

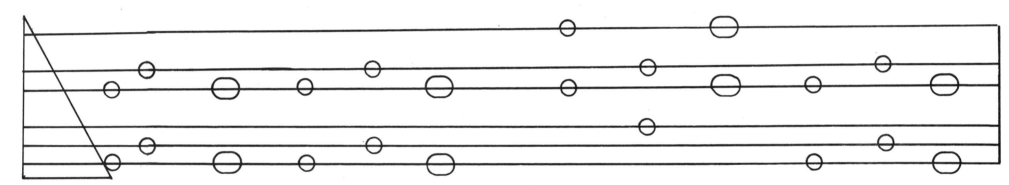

Vorschlag für die Begleitung der obigen Melodie

Gestaltung:

Die Kinder bilden einen Kreis und singen das oben aufgezeichnete Lied. Sie sprechen den R-Laut besonders deutlich, indem sie den gesungenen Inhalt mit Handlungen begleiten, etwa: "Brum-Brum-Brimborium" - drei Klatsch, Stampf-Patsch-oder Schnalzgeräusche; "ein Brummbär geht im Kreis herum" - eine Drehung um die Körperachse; "er bringt dem Freund den Braten" - drei Gesten, die das "Bringen" darstellen; "doch wem wird nicht verraten" - der Zeigefinger wird senkrecht vor den Mund gehalten

Ein Kind in der Mitte des Kreises spielt den Brummbären und bildet den R-Laut. Es sucht dann einen Freund, dem es pantomimisch den Braten übergeben möchte. Das erwählte Kind tritt dann in den Kreis und übernimmt die Rolle des ersten Kindes.

DIE EINZELFÖRDERUNG:

Übung R 1:

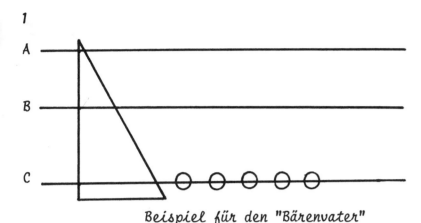

Beispiel für den "Bärenvater"

2 * Hören und Unterscheiden dreier Tonlagen

Hochton A: Bärenkind (s. Bild R1)
Mittelton B: Bärenmutter
Tiefton C: Bärenvater

< Wer geht ? >

*Zuordnen von Schritten auf dem Bild entsprechend der Zahl der Töne

< Wie weit geht..? >

*Lautieren
Je nach Sprechleistung oder Übungsabsicht:
Hochton A: dli   chi   Zungenschnalzen mit I-Mund   ri
Mittelton B: dla   cha   Zungenschnalzen mit A-Mund   ra
Tiefton C: dlu   chu   Zungenschnalzen mit U-Mund   ru

Hinweise: - Je rascher lautiert wird, desto höher sind die Anforderungen an die Zungenbeweglichkeit
- Ein gelegentlicher Rollentausch fördert die sprachfördernden Hörleistungen des Kindes und erzeugt symmetische Kommunikationsformen
- Es ist von Vorteil, die Übung in eine Rahmengeschichte einzubetten

Übung R 2:

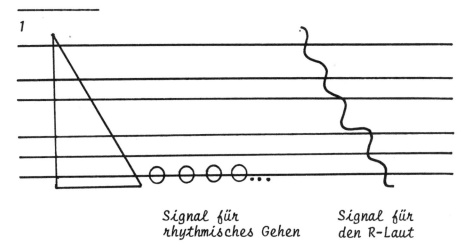

Signal für rhythmisches Gehen   Signal für den R-Laut

Vorbereitung: S. Bild R 2
Die Augen der Bärenmaske werden ausgeschnitten. Die unten angezeichnete Linie ist eine Faltnaht. Das Blatt wird an dieser Stelle nach hinten gefaltet und mit Heftklammern fixiert. In die entstandene Lasche kann das Kind sein Kinn stecken.

*Rhythmisches Gehen

Das Kind bewegt sich mit vorgehaltener Maske im Raum. Es beachtet hierbei den Rhythmus der Einzeltöne

*Erlernen des Lautes R:

Das Kind lautiert einen CH-Laut oder erzeugt ein Brummlippchen-R und identifiziert sich mit dem Bären
Hinweis: Es könnte in einen Spiegel schauen!
Die Maske verstärkt die Vibrationen des Mundbereiches und überträgt diese auf die gesamte Gesichtshaut. Somit nimmt das Kind ein wichtiges Wesensmerkmal des R-Lautes wahr.

Übung R 3:

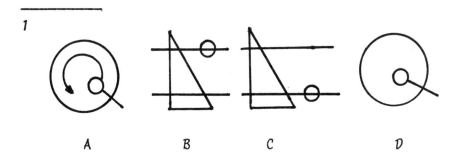

A   B   C   D

Vorbereitung: S. Bild R3
In die Mitte des Bärenmauls wird ein rotes Breitband geklebt (= Zunge)
< Der Bär putzt seine Zähne >
*Nachahmen diverser Zungenbewegungen des Modellbären
 (evtl. sieht das Kind sich und den Bären in einem Spiegel)
*Einschleifen von einfachen Zungenbewegungen über analoge akustische Zeichen:
A = Zunge streicht kreisförmig über Ober- und Unterlippe/obere und untere Zahnreihen hinweg
B = Zunge wird kräftig in Richtung Nase geschoben
C = Zunge wird kräftig in Richtung Kinn geschoben
D = Zähne beißen sanft auf die herausgestreckte, evtl. gerundete Zunge

ÜBUNG R 4:

1
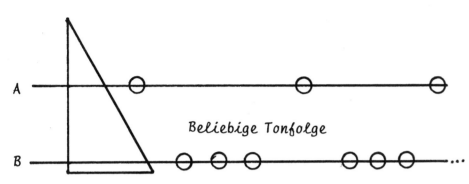

2 Vorbereitung: S. Bild R 4
Alle Bärenköpfe werden erst einmal ausgeschnitten.

*Grobmotorisches Umsetzen der zweitonigen Melodie:
(S. Übungsreihe zum Sch-Laut)
Hochton A: Streckung
Tiefton B: Beugung

*Zuordnen von Vokalen:
(S. Übungsreihe zum Sch-Laut)
Hochton A: Streckung + I-Laut
Tiefton B: Beugung + U-Laut

*Zuordnen von Mundbildern:
Optische Fixierung der Reihe durch das Legen von
Bildkarten (Bild R 4)

*Steigern der Zungenbeweglichkeit und kinästhetische
Anregung durch Zungenschnalzen:
<Wir machen eine Bärenzungenschnalzmelodie!>
Die Folge wird nach den Bildkarten mit einem I-oder
U-Mund geschnalzt
Hinweis: Die Verwendung einer im Musikalienhandel er-
hältlichen Maultrommel kann in diesem Zusammenhang
die kinästhetische Wahrnehmung erheblich fördern!

*Die "Brumm-Reihe" mit dem R-Laut:
Hochton A: Ri
Tiefton B: Ru
Hinweis: Falls der R-Laut ansatzweise bereits gebildet
werden kann, bietet sich abschließend diese Übung noch
an.

ÜBUNG R 5:

1

Der Lehrer sitzt zunächst rechts und spielt
den rechten Bären. Er lautiert "ch", während
er gleichzeitig mit dem Daumennagel von rechts
nach links im Rhythmus zur Lautierung passend
über das Schleifpapier streicht, z.B.

<ch, chchch, ch, chchch>
=kurz, lang, kurz, lang

2 Vorbereitung: S. Bild R 5
Das gekennzeichnete Feld zwischen den beiden Bären wird
mit Schleifpapier oder Wellpappe beklebt.

<Die Bären unterhalten sich>
*Nachahmen des vorgegebenen Musters:
Das Kind sitzt zur Linken und imitiert, indem es mit seinem Daumennagel von links nach rechts streicht und das
vorgegebene Lautmuster reproduziert.
Hinweis: Das taktile Erleben der Vibration des Daumens
wird mit dem kinästhetischen Geschehen im Mundraum
synchronisiert. Dieser Aspekt ist für das Erlernen des
R-Lautes von großer Bedeutung.
*Seriieren von Lautreihen:
Die oben genannten Muster sollten anfangs sehr einfach
gehalten sein, so daß die Konzentration der Lautbildung
gewidmet werden kann. Sie werden jedoch sukzessive immer
schwieriger und fördern damit ganz besonders die Merk-
fähigkeit für akustische Reihungen.
*Tauschen der Rollen:
Lernformen, bei denen das Kind nicht in seiner Rolle als
"educandus" fixiert ist, sind im allgemeinen effektiver.
Die Interaktion verkümmert, wenn der Grundgedanke des
"gegenseitigen Austauschens" zugunsten einer einseitigen
Indoktrination aufgegeben wird.

Übung R 6 :

1

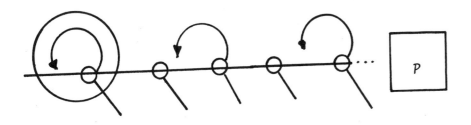

oder aber:

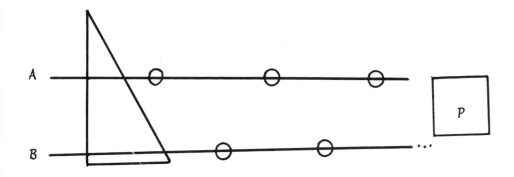

2 ⟨ Welchen Partner findet der Tanzbär ?⟩
S. Bild R 6

*Grobmotorisches Umsetzen einer zweisignaligen Abfolge in eine Tanzbewegung:
Vier Stofftiere werden in die vier Ecken eines leeren Raumes gestellt.
Das Kind tanzt behäbig wie ein Bär im Kreise herum, indem es zu zwei unterschiedlichen akustischen Signalen jeweils eine ganze Drehung vollführt, ohne auf der Stelle zu bleiben. (S. Darstellung Bild R6)

Die akustische Abfolge wird unterbrochen, wenn das Kind in der Nähe eines Stofftieres tanzt. Der Tanzpartner ist gefunden. Mit ihm bewegt sich das Kind einmal sehr schnell im großen Kreis herum und stellt ihn dann am gleichen Platz wieder ab.

*Hinzufügen einer geeigneten Silbenabfolge:

Je nach Sprechleistung und Übungsabsicht:

the-da ; ble-bla ; dle-dla ; nele-petete ...

Hinweis: Diese Doppelsilben verstehen sich als Zungenlockerungsübungen im Vorfeld des R-Lautes. Sie werden zuerst langsam (der "behäbige" Bär), beim zweiten Teil des Spiels hingegen so schnell wie nur möglich gesprochen (individualisieren!).

*Verfeinern der Übungsinhalte:
Die Spurbewegung auf dem Bild R6 erlaubt eine noch zügigere Abfolge der Sprechbewegungen mit dem Ziel des Zungenspitzen-R

*Die "Brumm-Reihe" mit dem R-Laut:

ri-ra; tri-tru ; brumm-brumm ; rrrrrrrr - als Atemübung: Wie weit reicht dir die Luft ? ; usw.

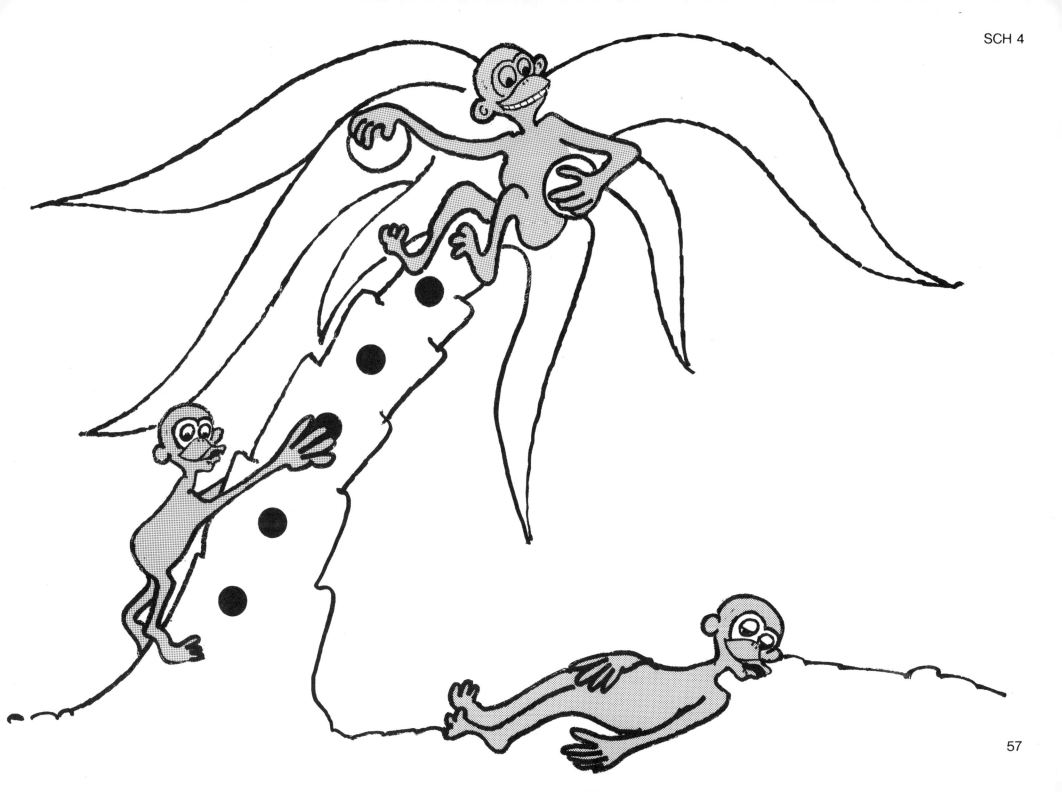

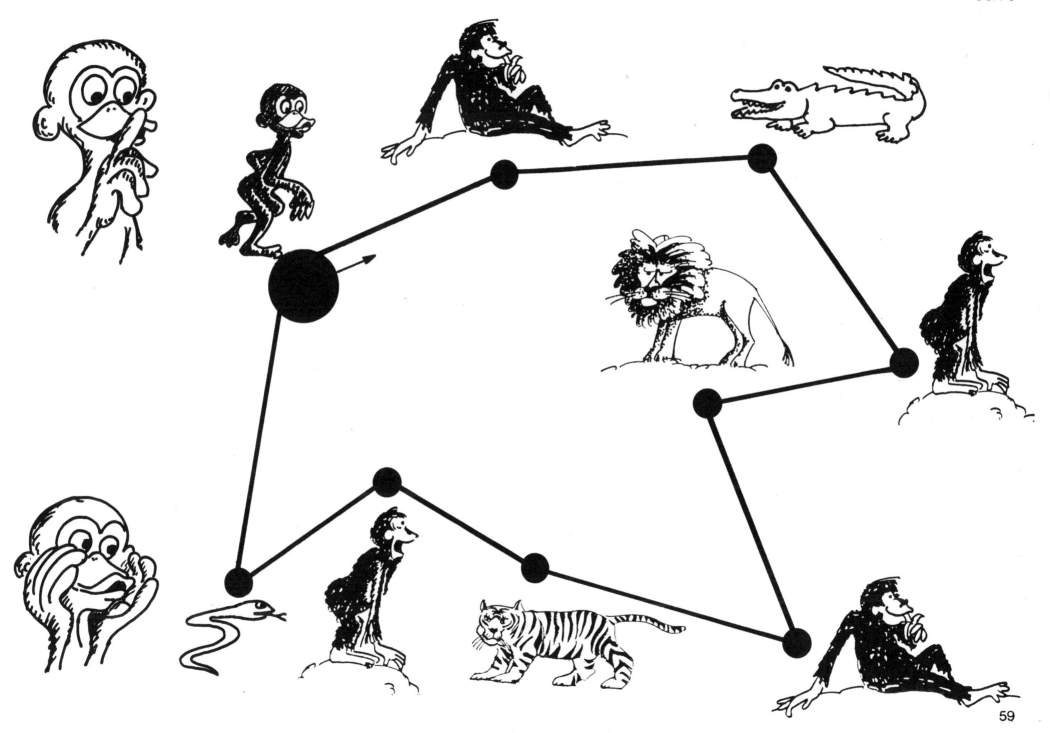

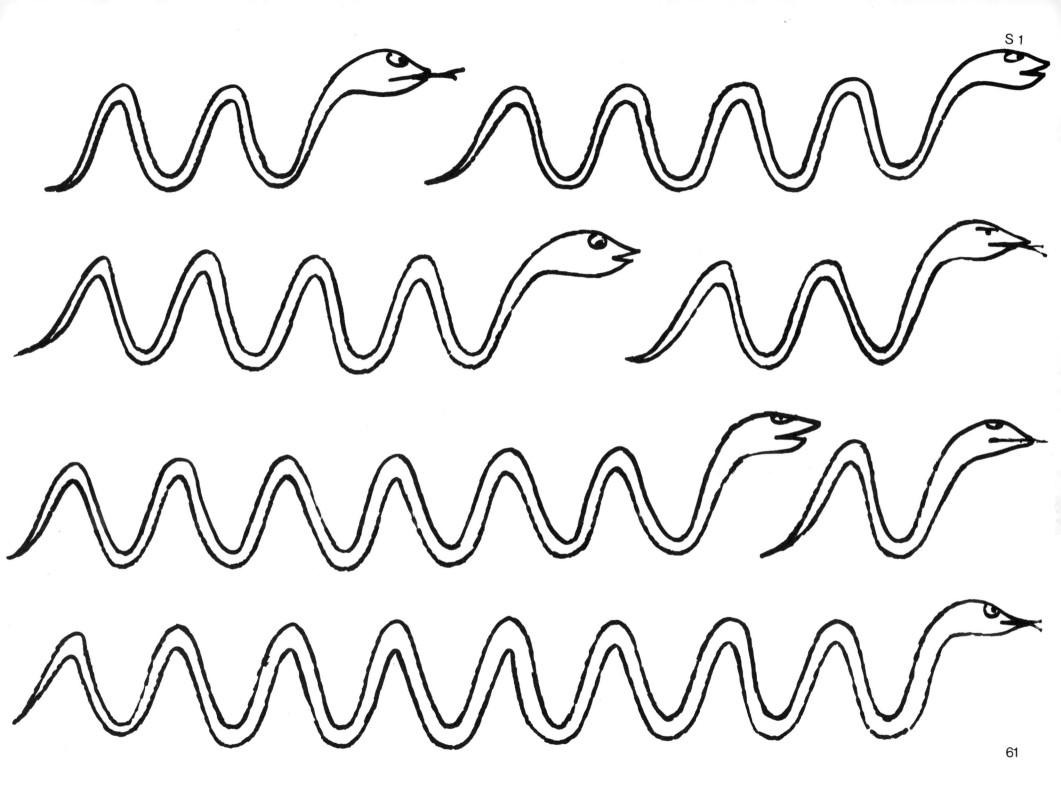

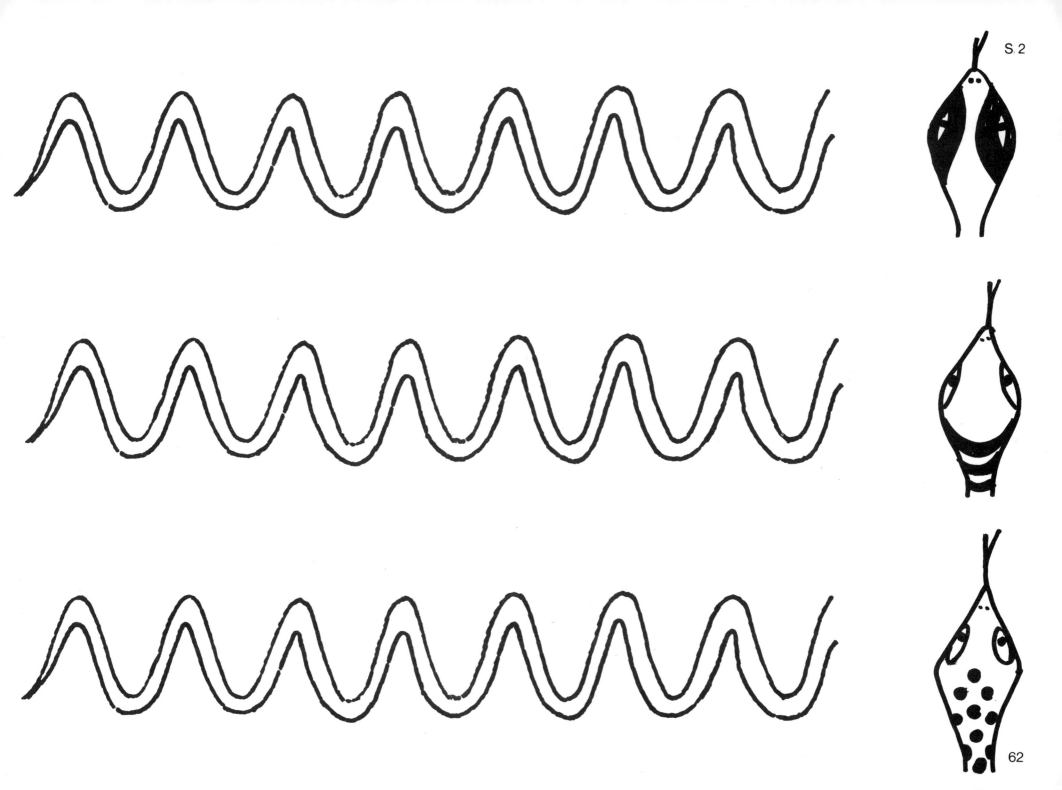

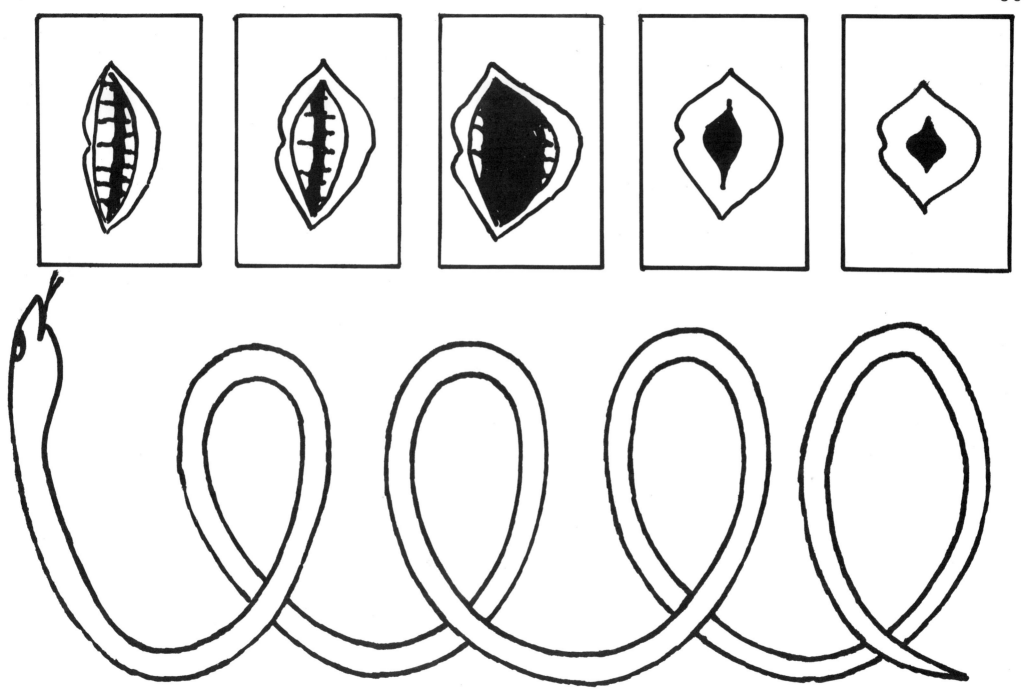

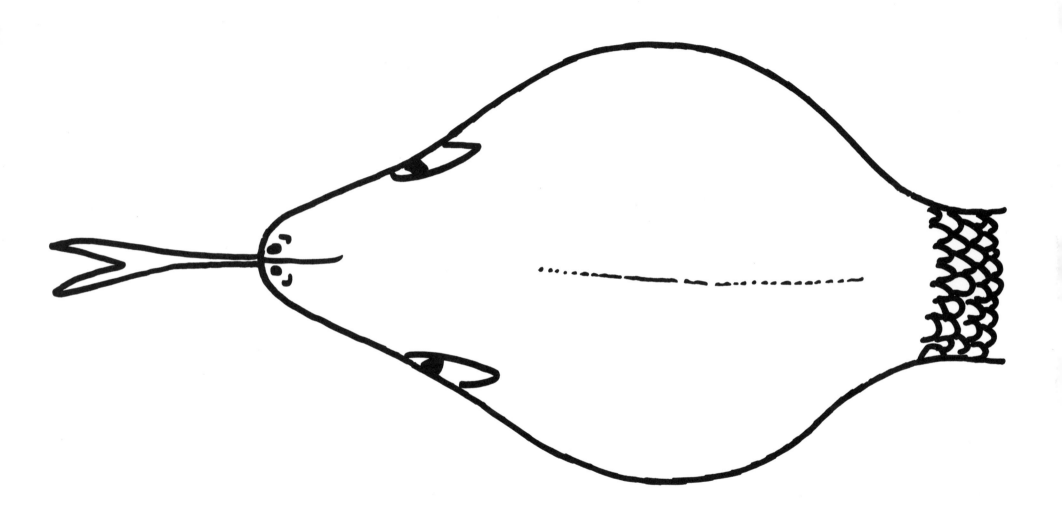

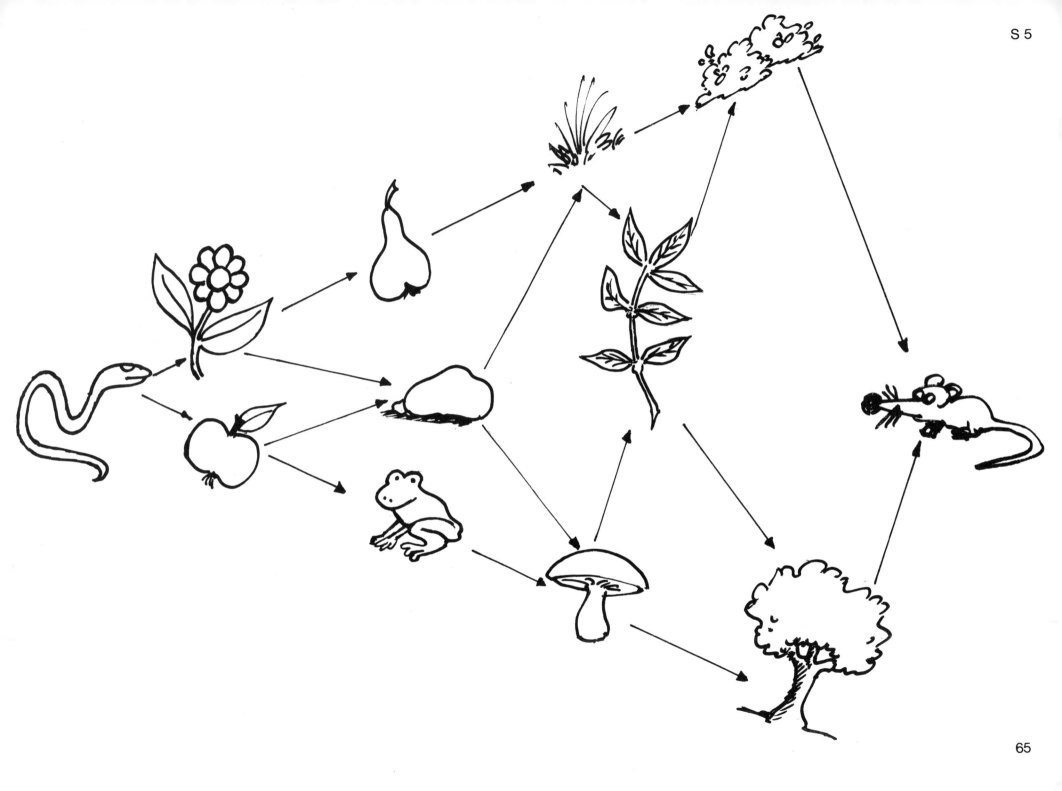

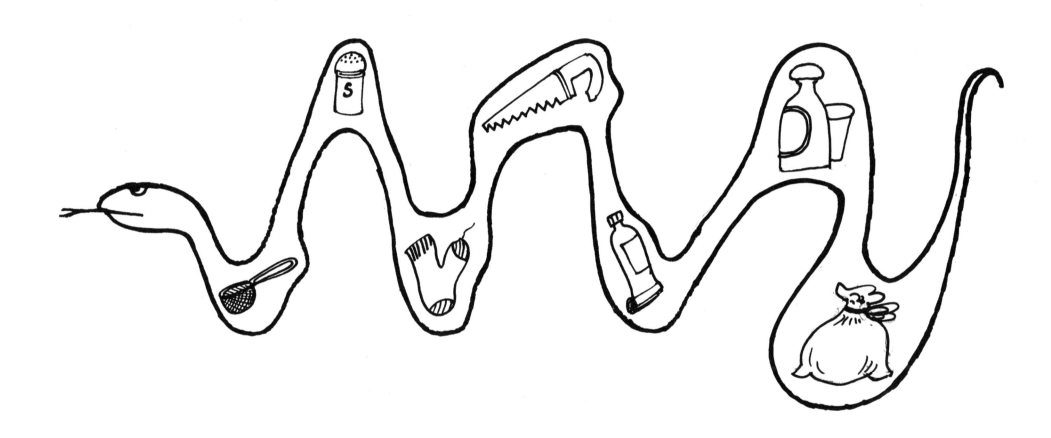

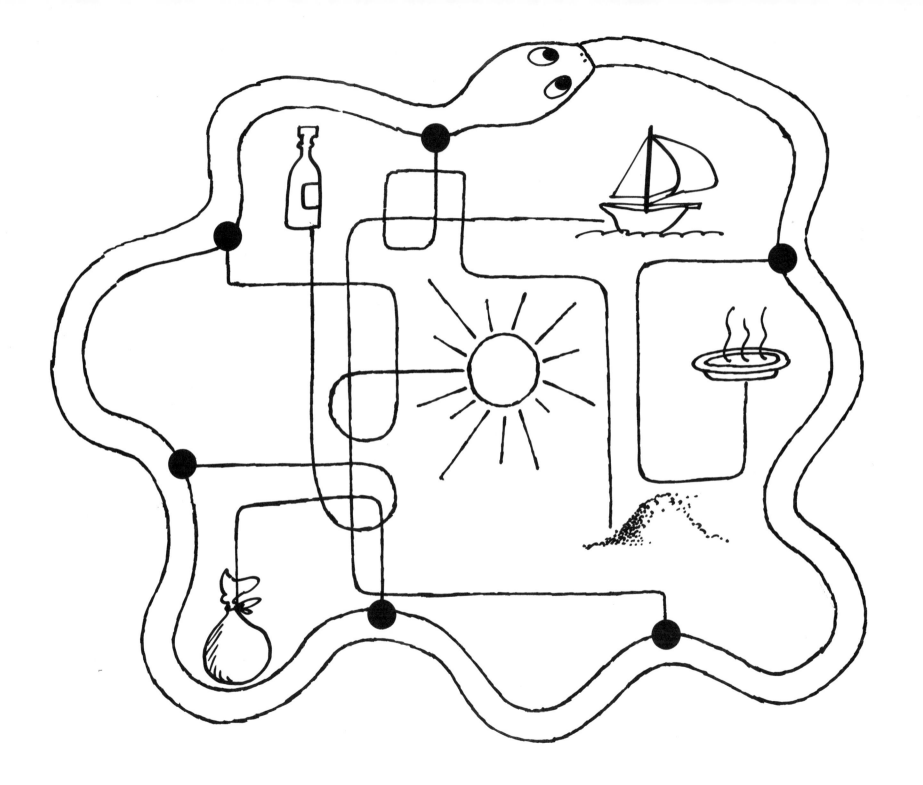

K 1

68

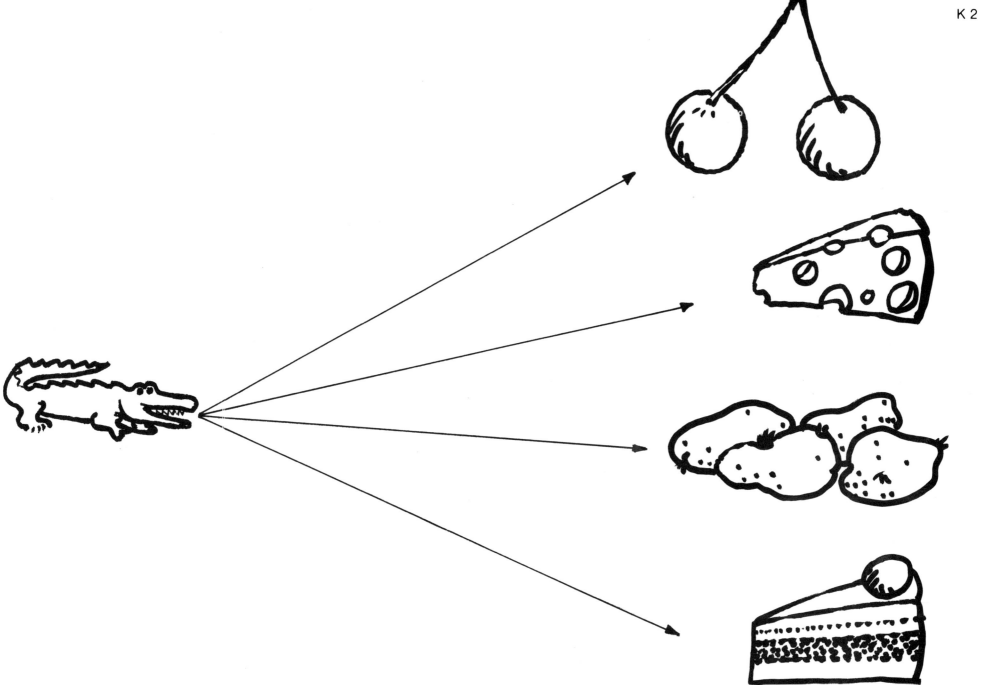

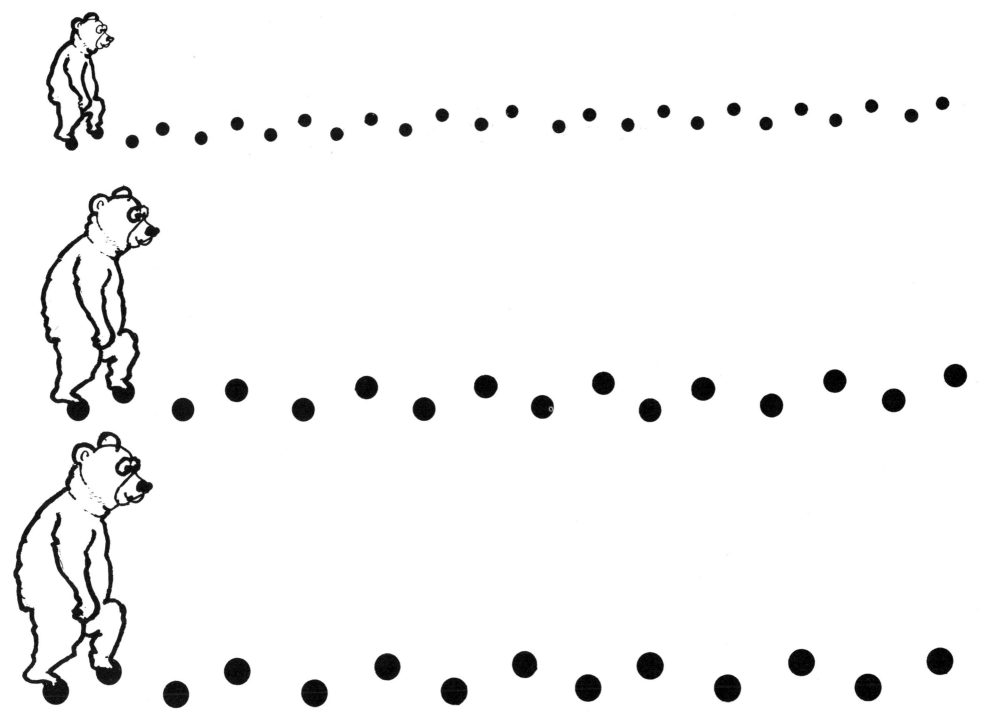

LITERATURANGABEN

  Capra, F.   Wendezeit - Bausteine für ein neues Weltbild   Bern   1982

*Carr, R.   Bewegungsspiele und Yoga mit Kindern   München 1982

**Kruse, W.   Autogenes Training für Kinder   München 1977

  Lotzmann, G. Nonverbale und verbale Ausdrucksgestaltung in der Behandlung von Sprech-
               Sprach- und Hörstörungen   Weinheim 1982

  Orff, G.   Die Orff-Musiktherapie   München 1974

**Ostrander/
  Schroeder   Leichter lernen ohne Streß - Superlearning   München 1982/4.Al.

*Plätzer, O.   Das Biodrama, eine Form der Spieltherapie -Psyhother. und Med.Psychologie 6 1954

**Postmayer
  B.   Kinder helfen sich selbst - Autogenes Training f. Kinder München 1969

  Prengel, A.   Gestaltpädagogik   Weinheim 1983

  Spolin, V.   Improvisationstechniken für Pädagogik, Therapie und Theater   Paderborn 1983

*Schwung, H.   Ausdruckstherapie mit Ausdrucksübungen für gehemmte Kinder Göttingen 1956

  Westrich, E. Der Stammler - Der Erlebensaspekt in der Sprachheilpädagogik Bonn 1974